# ゆうこさんちの手づくり暮らし

三角屋根の
小さなおうちで
のんびり過ごす
家族時間

敏森裕子
slow.life.works

私が住んでいるところは兵庫県の田舎です。お店やカフェがほとんどなく、
子どもたちも小さいので外ではゆっくりごはんも食べられません。
だったら、「自宅をカフェのようにして毎日過ごせたらどんなに幸せかなぁ」と、
「家族みんなが好きな『となりのトトロ』のような
昔ながらの暮らしやインテリアに囲まれて過ごせたら素敵だなぁ」
と思うようになりました。そして、このふたつを取り入れたのが
今の我が家の「古民家カフェ風インテリア」です。
インテリアが決まると、インテリアだけじゃなくて、
苦手なごはんづくりも頑張りたいと思うようになりました。
まずは台所本やレシピ本を読んで、いろいろ試してみました。
鍋でごはんを炊くと、もちもちでおいしいと知って、
毎朝圧力鍋でごはんを炊いて、おひつで保存するようになりました。

盛りつけもカフェのようにしたくて器を少しずつ集めるようになりました。
そんなに手の込んでいないごはんでも、
自分の気に入った作家さんの器に盛りつけると
おいしそうに見えるから不思議です。
彩りにも気をつけるようになり、
子どもたちもよく食べてくれるようになりました。
ただ、いろいろと頑張りすぎるとしんどいのでほどよく手抜きもしています。
こんな私の日々のこまごまとした暮らしをまとめたのがこの本です。
少しだけ丁寧に暮らしたら、毎日が楽しくなり、
今まで気づかずに通りすぎてきたこと、
幸せはなにげない日常の中にあることを再認識できました。
しんどいときの休憩場所になるような本にと、そんな思いを込めた1冊です。

もくじ

Chapter 2

# ゆうこさんちのおうちごはん

Chapter 3

# ゆうこさんちの手づくり雑貨

Chapter 4

# ゆうこさんちのお気に入りの道具と収納



コラム

# 我が家のインテリア、暮らしの3つのテーマ

テーマ1

## 落ち着いた雰囲気の古民家カフェ風に

今のインテリアに落ち着くまでいろんなスタイルを試しました。最初は北欧風、次はカントリー、その次は男前インテリアなど。2年前ぐらいまでは、かっこいい海外インテリアに憧れて、英字が多いにぎやかなインテリアでした。

ある日、「日本なのになんで英語ばっかりなん?」と息子に言われたのをきっかけに、和風のものを少しずつ取り入れるようになり、現在の古民家カフェ風スタイルになりました。

テーマ2

## 家族がほっこりできる安らぎの空間

スタイルが決まると、インテリアや雑貨も自然と落ち着いたものが好きになりました。

特にテーブルや椅子、ちゃぶ台、食器棚などの家具は素朴で木の温もりが感じられるものに惹かれます。

家族が集まるリビングは、すっきりさせすぎると私たちはかえって落ち着かなかったので、ほどよい生活感をもたせています。そして家族みんなが落ち着いてくつろげる安らぎの空間づくりを心がけています。

テーマ3

# 家族みんなで楽しむ手づくりインテリア

我が家のインテリアの多くはデザインや色、形など家族みんなで相談して決めています。

完成したけど、「ちょっと納得できないな」、なんていうときもあり、もう一度やり直すなんてことも。家族みんなで相談しながら、何度も作り直してやっと納得いくものができ上がります。

新しいけれど、どこか懐かしくて古い雑貨とも相性がいい、そんな家具を目指して家族で手づくりを楽しむ日々です。

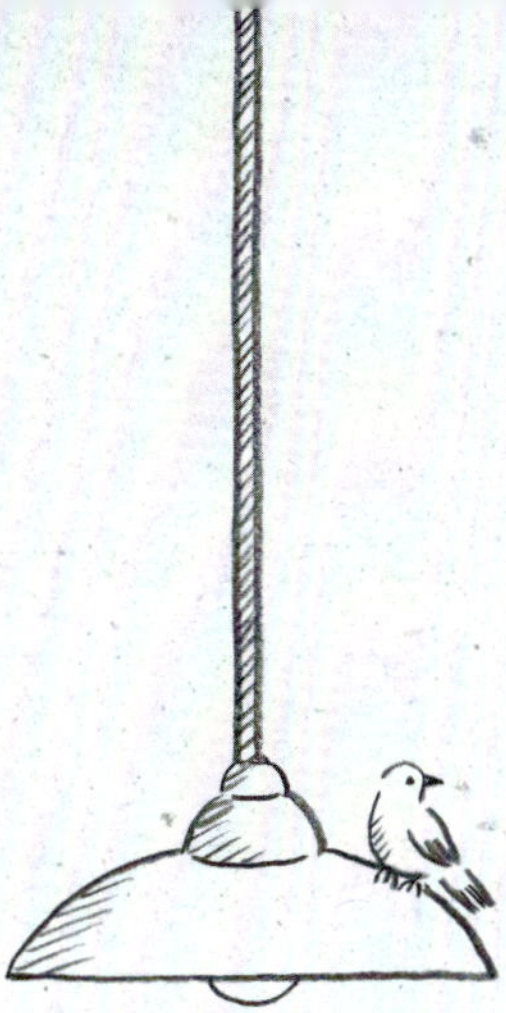

Chapter 1

# ゆうこさんちの インテリア

古民家カフェ風な我が家のインテリア。
家族がゆっくりくつろげるようにと
家づくりをしています。
我が家のすべてをご紹介します。

家の後ろはなだらかな山、家の前は田んぼで、夏には一面のひまわり畑に。ひまわり畑の向こうには、鮎も釣れる川が流れていて、夏には水浴びもできます。

# 小さい頃からの憧れ、三角屋根のおうちでの暮らし

小さい頃から、絵本に出てくるような小さな家で家族とのんびり暮らすのが夢でした。だから家を建てるときは平屋にしたいと思っていましたが、子どもたちの成長や収納のことなどを考えて2階建てにすることに。でも、心のどこかで夢があきらめきれなくて……。そんなとき、旦那さんが本屋さんである雑誌を見つけてきてくれました。その表紙の家が平屋に見える2階建てのかわいい家で、まさに思い描いていたとおり。ビビッときた運命の出会いでした。そして、2011年3月に完成したのが平屋風2階建てのこの家。1階はキッチン、ダイニング、リビング。2階は寝室と子ども部屋、クローゼット部屋の3つ。周辺に自然がいっぱいのこの家で、これからも家族みんなで穏やかで心豊かに暮らしていきたいです。

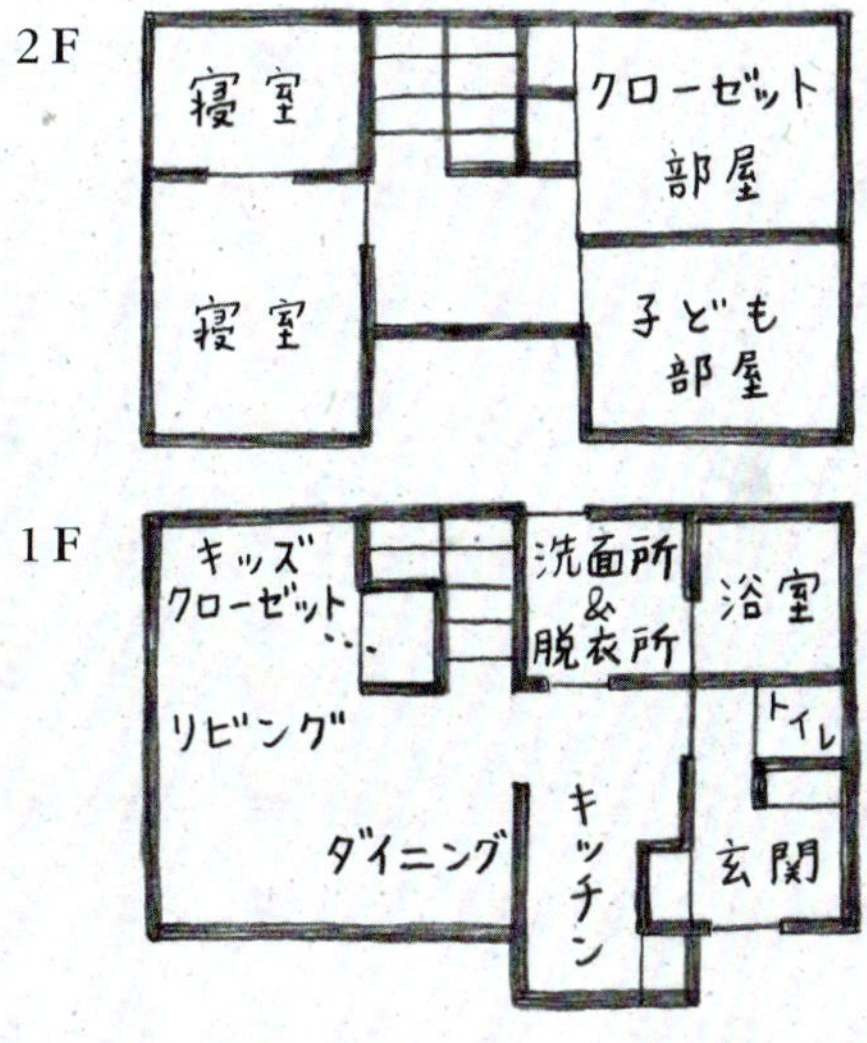


### としもり家の間取り図

1階は水回りも含め約50㎡。2階は約45㎡で、全部で約95㎡。世話が行き届きやすい広さ。

# ダイニング

ぬくもりある
インテリアに囲まれた
居心地のいい場所で
食事を楽しみます。

しっかりしたつくりのカメラボックスは薬箱とおそろい。インスタグラムの写真はこのカメラでパチッと撮影。

床は無垢の杉材、家具はほとんど手づくりして木のぬくもりがある内装に。
茶色ばかりで部屋が暗くならないようにグリーンを飾っています。

手づくりの三段小引き出しと古道具のミニブックスタンド。愛読誌を立てています。

古民家風インテリアに囲まれたダイニングは
気持ちが落ち着く空間です。
家族との食事はもちろん、お友だちとのおしゃべり、
ランチ、ティータイムも楽しんでいます。

95歳になる祖母が使っていた足踏みミシンをリメイクしたもの置き台。ダイニングのインテリアのポイントになっています。

昔の水屋ダンスをイメージしてつくった食器棚。ここに好きな作家さんの器を収納。
引き戸をあけるたび、「どんな器を使おうかな」とワクワク感があふれます。

# リビング

広くなくても
心からくつろげる
リビング。
家族の会話も
弾みます。

どこか懐かしく、古い雑貨との相性もいいスツールと文机。これも手づくり。息子は勉強を、私も娘の保育園のお帳面を書いたりしています。

ゆったりと過ごせるようにリビングは背の高い家具や大きな家具は置きません。

子どもたちが絵を描いたり、家族でトランプをしたり、
みんながほっこりできるくつろぎの場所。
サザエさんの食卓に憧れてつくった
ちゃぶ台は寒くなると、こたつに模様替え。

arrange

冬はちゃぶ台からこたつに。一度入るとなかなか出られませんが、家族みんなでほっこり。

リビングの奥に置いた革と木のソファも手づくり。大好きなかぎ針編みのクッションやひざ掛けをポイントにしています。

上・夏場は、ちゃぶ台まわり、ソファまわりもすっきりとさせ、涼しく過ごしやすいようにしています。下・冬場はソファの前にこたつを置くことも。

階段下納戸を改装してつくったキッズクローゼット。衣替えはもちろん、ときどきディスプレイする服を入れ替えて楽しんでいます。

# キッズクローゼット

階段下納戸を改装した
子ども用のクローゼット。
お店屋さん風ディスプレイで
楽しくお着替え。

洋服が大好きな娘は、毎日鏡の前でコーディネートし、
髪をとかしたり、身だしなみを整えています。

娘の「お店屋さんのようにしたい！」というリクエストに応えて
ショップ風のディスプレイに。奥と手前に分かれていて、
衣替えのときもさっと入れ替えられて便利。

木箱の組み方を変える
だけで、いろんな形の
クローゼットに変身！

玄関から入ってすぐにあるキッチン。南側の小窓から差し込む光で、いつも明るいキッチンです。

# キッチン

〝見せる収納〟と
〝しまう収納〟を使い分け、
限られたスペースを
すっきりと。

システムキッチンの収納には調理器具や調味料などを入れていますが、よく使うブラシ類などはフックを付けて扉の外に下げています。

棚や収納も古民家カフェ風に。好きな鍋や器に囲まれて、
家族の健康を考えながら、毎日キッチンに立っています。
ときには子どもたちと一緒に料理するのも楽しい時間です。

右・キャスター付きのワゴンにはよく使うカフェトレーやケトルを置いて。根菜類は実家からもらった古いかごに入れています。　左・システムキッチン横にはベンチ式の収納ボックスを置いています。私がキッチンにいるときに、子どもがここに座って遊んでいることも。

手づくりの板壁を強力吸盤で取りつけました。フックにフライパンや鍋をかけたり、手づくりのキッチンペーパーホルダーを取り付けて使いやすく。シルバーだったレンジフ―ドは木目柄の壁紙を張って統一感を出しました。

使う頻度の高いお気に入りの作家さんたちの器は、キッチンの壁側の棚のいちばん手に取りやすいところに置いています。

昔ながらの台所道具が好きです。かごやお気に入りの食器などは、見せて収納しています。

白い食器棚の上には、保存瓶に入れたお米やお茶パック、梅酒などを置いています。

# 子ども部屋

家具はなるべく
必要なものだけにして
遊べる空間を
多く取っています。

上・ミニキッチンセットと冷蔵庫、電子レンジはすべてじいちゃんの手づくり。娘はお店屋さんごっこやおままごとが大好き！　下・2階の部屋はすべて勾配天井。今は娘と息子が一緒に使っている子ども部屋。隣に同じ広さの部屋がもうひとつあるので、ゆくゆくはひとりずつに。

子ども部屋とクローゼット部屋のドア。好みの色にペイントしました。

部屋に入ってすぐ右側にある息子のレゴコーナー。つくった乗りものや恐竜は棚にディスプレイ。

右・旦那さんと私のクローゼット。お手製ラックにかけてショップのようなディスプレイに。

# クローゼット部屋

夫婦のおでかけ着は
お手製ラックに。
〝見せる収納〟で
おしゃれ&機能的に。

キャベツボックスにワイヤーバスケットを合わせました。通気性もよく、何が入っているかひと目でわかるのもいいところ。

arrange

もう少し大きくなったら息子の個室に。学習机は小学校入学に合わせて、じいちゃんがつくってくれました。

# 寝室

1日の疲れをゆっくりと
癒すために、あまり、ものは
飾らずシンプルに。

シングルとセミダブルのベッドをくっつけて寝ています。ベッドは部屋の雰囲気に合う高さで落ち着いた印象に。床板のすのこは掃除がしやすいように取り外し可能です。

ほどよい大きさのキャベツボックスはサイドテーブルとしても重宝。縦横の置き方は部屋やスペースに合わせて変えています。

家族で川の字になって寝ています。寝る前は絵本を1冊読んでのんびりと。

掃除用具は洗面所の脇にある手づくりの木製フックにかけ、棕櫚《しゅろ》のほうきやはたきをかけていつでもサッと掃除できるようにしています。はたきは私の手づくり。

# 洗面所＆脱衣所

限られたスペースも
ラックやボックスで
使いやすい空間に。

手づくりの洗濯機ラック。生活感が出る洗濯機もこれでスマートな印象に。

正面は開閉式なので掃除がしやすく、洗濯ものを落としても取りやすいのも助かります。

誰でも比較的簡単につくることができるミニチュアハウス。玄関横の窓際に棚をつくってたくさん並べました、光が差し込み優しい雰囲気に。

# 玄関

お客さんを迎える
場所だから
気持ちよく、そして
小物を飾ってにぎやかに。

手前は手づくりの子ども用の靴箱。収納扉は好みの色に塗りました。

arrange

子ども用の靴箱は少し背が低めで、脱ぎ履きしやすくなっています。

# ガーデン

1年を通して
子どもたちの大事な遊び場。
季節の移り変わりを
感じながら過ごしています。

右・古いスコップやバケツを無造作に置いています。　左・子どもたちが遊ぶブランコは、色を塗って庭に溶け込むようにしました。

花壇にはガーデンピックを刺して、雰囲気を盛り上げて。季節ごとに色々な花を楽しめるように、好きな草花を植えています。

TOOLS
2
Wel Come
Garden

線路の下に使われていたアンティークな雰囲気の枕木に、表札を付けているところが気に入っています。

ガーデンの全景。子どもたちが遊んだり、天気のいい日には食事をしたりと楽しめます。

「近くに公園がないから」と
子どもたちのためにつくりました。
花壇には季節ごとにお気に入り草花を植えて
楽しんでいます。私にとっても癒しの場所です。

右・ガーデニングが楽しみになるレンガの立水栓と水受け。白い柵、そして車輪も全部手づくりです。　左・さびれ具合が気に入っているトタン屋根の植物棚。いろんな多肉植物を置いて楽しんでいます。娘がときどきジョボジョボと水やりをしてくれます。

# としもり家のアルバム 春

雪も多いこのあたりでは、春の訪れは待ち遠しいものです。ウキウキする行事もいっぱい。

お外でサンドイッチを食べました

今日から新学期！

ひいばあちゃんとひなたぼっこ

子どもの日

田植え。おいしいお米ができたらいいな

海までお出かけ。ソフトクリームおいしいな

毎年春にはイベントに出店

ロハスフェスタ。アストロカートがお気に入り

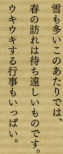

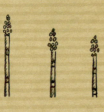

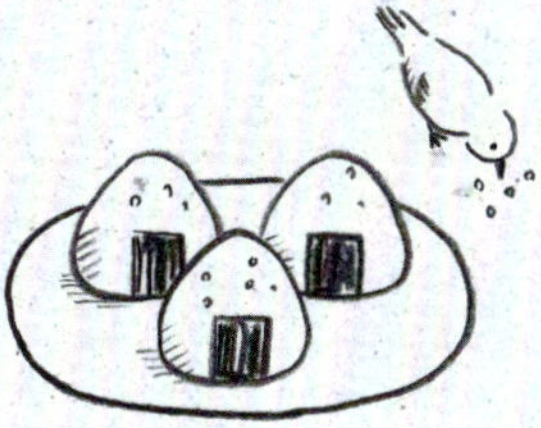

Chapter 2

# ゆうこさんちの<br>おうちごはん

お気に入りの道具で、家族のことを思いながら
朝昼晩の食事の支度に、お弁当づくり。
ときには子どもたちと一緒にキッチンに立ちます。
家族で食卓を囲める幸せをかみしめる毎日。

# 子どもたちと一緒につくる時間は、ふたりの成長を感じられます

子どもたちとキッチンに立つのも日々の生活の楽しみのひとつです。この日の晩ごはんは子どもたちが大好きなハンバーグ。ふたりは、自分専用の踏み台に乗ってお手伝い。踏み台は子どもたちの成長に合わせてつくり変えているので、いつでもちょうどいい高さ。踏み台の表面に自分たちの誕生日がスタンプしてあるので、ふたりのお気に入りです。

3人で「おいしくなぁれ」と歌をうたいながら、ひき肉を丸めていきます。大きさや形はまちまちですが、それも手づくりのいいところ。自分たちでつくったごはんは、また格別においしく感じられるようで、いつもよりもモリモリ食べてくれます。とても愛しいこんな時間がいつまでも続くといいな。

娘の夢はレストランを開くこと。私を招待してくれるそうです。いつの日か夢がかないますように。

子どもの成長に合わせてつくった踏み台があれば、料理も一緒につくることができます。

子どもたちも楽しそうにつくっています。大小さまざまな大きさのかわいいハンバーグができました。

# 1日の元気の源、朝食は
# みんなそろって「いただきます！」

平日の朝は我が家もバタバタと慌ただしいですが、夜は子どもたちと3人の食事が多いので、朝はなるべく、家族そろって食べるようにしています。そして1日を元気に過ごすためにも「朝ごはんをしっかり食べる！」がモットーのひとつ。でも、子どもたちは野菜をあまり食べないので、食べやすいように細かく刻んでいます。

お休みの日はいつもよりもちょっとだけ遅めの朝ごはん。朝はごはんよりもパンのほうが多い我が家。今朝のメニューは、子どもたちのリクエストに応えてフレンチトーストに。大好きないちご、ぶどうやキウイなどのフルーツをカットして、生クリームを添えたら、「わぁ、お店みたい」と大喜び。時間がゆったりと流れる休日の朝の風景です。

家族みんなが大好きなフレンチトースト。今日はフルーツと生クリームを添えて。

「おいしい」と言って食べてくれる子どもたちの顔を見ているだけで幸せな気持ちがあふれます。

入れたてのコーヒーのいい香りが食卓に流れます。こんなになにげない日常がとても愛しいです。

# 今日の朝ごはん

朝食はリビングのちゃぶ台でいただくことも。パンが多い我が家ですが、和食もいいですね。

## ちゃぶ台で食べる純和食の朝ごはん

我が家の朝ごはんはパンが多いので、たまにはこんな和食もつくります。ちゃぶ台に目いっぱい器をのせて、サザエさん一家の朝ごはんのイメージです。

## 喫茶店風アーモンドトースト

アーモンドバターを食パンに塗って焼きます。香ばしくて甘い香りが家中に広がります。ゆで卵とヨーグルトを添えて、喫茶店の朝食風に。

## 焼き立てフレンチトースト

ホームベーカリーで焼いた食パンを、息子のリクエストでフレンチトーストに。娘はペロッとホイップクリームをなめたりしながら、盛りつけ中。

## 肉じゃがと鮭の朝定食

肉じゃが、鮭、きんぴらごぼう、はちみつ梅干し、おにぎり、お味噌汁など。たまに朝から和食が食べたくなり、張り切ってつくります。

## ホットケーキ＆いちご多め

ホットケーキも我が家の定番。子どもたちの大好きないちごをたっぷり添えると、朝からテンションが上がります。

## パンとサラダ、フルーツたっぷり

朝ごはんのにおいにつられ、娘がやってきて手伝ってくれています。この日は友だちからいただいたおいしいパン屋さんのパンとサラダ、フルーツなどと。

## 息子と焼いたかぼちゃパン

かぼちゃを練り込んで焼いたパンがメインの朝食。この日は息子と一緒に焼きました。ホームベーカリーがとても重宝しています。

# 天気のいい日は庭に出て、子どもと3人で〝お外ランチ〟

天気のいい日は、ときどき子どもたちと庭のウッドデッキでランチを楽しみます。今日のメニューはおにぎりに卵焼き、お花の形にしたハムやトマト、にんじんのナムル、牛肉のしぐれ煮などのワンプレートランチ。「母ちゃん、この卵焼きおいしいね」や「お外、落ち着くわ〜」、「雲って綿あめみたいでおいしそう」などと言いながら、パクパク食べてくれます。ほかにも学校や保育園での出来事、週末の予定などいろんなことを話しながら、ときには音楽を聴きながらのランチタイム。私にとっては、とても大切でかけがえのない幸せな時間です。休日は旦那さんも加わって4人でのんびり過ごします。我が家の目の前に広がる豊かな自然を眺めながらの食事は田舎暮らしならではのぜいたくですね。

子どもたちがちょっと苦手なにんじんは細切りにして食べやすく。食欲が出る彩りにしています。

「ほんちゃんも飲もう」と娘。仲のいい兄妹で、微笑ましいふたり。見ている私はうれしくなります。

# 今日の昼ごはん

ひとりで食べることもあれば、
ワイワイと大勢で食べることも。
色とりどりの食卓に会話も弾みます。

## 友だちと集まってにぎやかランチ

ビーフシチューをつくったので、友だちがハード系のパンを焼いてきてくれました。
食事の後はゆっくりコーヒータイム。

## 父の日に父がつくったパスタ

この日は父の日ですが、旦那さんがつくってくれました。えびのパスタ2種、照り焼きチキン、ウインナーとピーマンのオープンサンド。

## ほっぺが落ちるビーフシチュー

ビーフシチューと塩パン。ビーフシチューはよくつくります。娘は「おいちー!!　ほっぺがおちるー!!」と喜んで食べていました。

## 家族でワイワイつくるピザ

ちょっと焦げてしまったけど、ツナマヨピザ、照り焼きチキンピザ、マルゲリータ風ができました。なんにも予定のない休日でしたが、楽しかったです。

## 和のプレートでひとりごはん

つくり置きおかずと残りもの、おにぎり(梅干し、しそひじき)の昼ごはん。豆腐の味噌汁、ぶりの照り焼き、かぼちゃの煮付け、ねぎ入りだし巻き卵など。

## 2日目のカレー

2日目のカレーとマカロニサラダ。素揚げした野菜、ゆで卵などをトッピング。子どもたちが育てているきゅうりをサラダに入れて。

## 息子とおにぎり定食

娘は保育園なので、息子とふたりごはん。メニューは、おにぎり、豚汁、唐揚げ、にんじんのツナごま和え、煮卵、きゅうりの浅漬け、梅干し、ぶどう。

# 休日の晩ごはんは家族の特別な日。自然と笑顔がこぼれます

平日の夜は家族みんなで食事することがなかなかできないので、休日の晩ごはんはみんなそろっていただきます。メニューは子どもたちからのリクエストが多いので、一緒にお手伝いをしてもらいながらつくります。

自家製米を圧力鍋で炊き、おひつで保存。調味料はなるべく無添加のものを使っています。そして我が家は、運びやすいように手づくりのカフェトレーにひとり分ずつをセットしています。お気に入りの作家さんの器に、栄養のバランスや彩りを考えながら、家族が見た目にも楽しくなるよう盛り付けています。その甲斐もあってか、子どもたちもあまり残さなくなり、いつもおいしそうに食べてくれるようになりました。家族がいつまでも健康でいられるようにと、毎日食事づくりに励んでいます。

「母ちゃんのごはんは世界一おいしい」と言ってくれます。涙が出るほどうれしいです。

子どもたちと一緒に作ったハンバーグ。いつもよりおいしく感じられます。

# 今日の晩ごはん

お気に入りの器が並んだ食卓。
おうちでカフェ気分を
楽しんでいます。

## 我が家の定番。唐揚げ定食

唐揚げ、チンゲン菜と卵のスープ、にんじんのツナごま和え、かぼちゃとレンコン揚げ、金ごまきゅうり、デザートはスイカ。みんなが大好きなメニューです。

## オムライスとクリームシチュー

この日は娘が保育園でじゃがいもを掘ってきてくれました。かわいいじゃがいもを3個持って帰ってきてくれたので、早速料理に使いました。

## 父ちゃんのドライカレー

この日の晩ごはんは、旦那さんがつくってくれたドライカレー。子どもたちは甘口、大人は中辛で、エリンギ入り。黄身をとろ〜りとからめて。

## 天ぷら定食

ざるそば、天ぷら、炊き込みごはん。えびは買い忘れて、小さなむき海老を揚げました。作家さんのそばちょこ、かわいくてお気に入りです。

## みんな大好き、コロッケ

コロッケは子どもたちの大好物。「母ちゃんコロッケ屋さんになれるで !!」と幸せそうにいっぱい食べてくれます。ちくわとウインナー揚げも一緒に。

## ストウブの鍋で煮込んだおでん

ストウブの鍋でコトコト煮込んで、しょうがじょうゆで食べます。ちょっと肌寒い夜だったので、おいしかったです。子どもたちが大好きな茶碗蒸しも付けて。

## セイロで蒸したえびしゅうまい

えびしゅうまい、卵スープ、杏仁豆腐、酢鶏など。しゅうまいはセイロで蒸して。杏仁豆腐は混ぜるだけの簡単なものです。

# おやつの時間

甘いものは大好き。
簡単なものは手づくりして。
いただきものはもちろん、
買ってきたお菓子も
お気に入りの器に盛りつけて、
ゆっくりいただきます。

生クリームとフルーツをのせただけの簡単タルト。

掘りたてのさつまいもでつくったスイートポテト。

いろんな形のクッキーができました。

紅茶、黒豆入り抹茶などいろんな味のマフィン。

大きさがバラバラだけどおいしかったみたらし団子。

# 日々のお弁当

運動会やお出かけのときは、
おにぎりいっぱいと
家族が大好きなおかずを詰めて。
日々のお弁当は、旦那さん
子どもが喜んでくれる顔を
想像しながらつくります。

運動会弁当。おにぎりをいっぱい詰めて。

旦那さんにつくった竹かご弁当。

娘のお弁当の日、6月なのでてるてる坊主に。

息子に、ハロウィンのおばけすき焼き弁当。

娘と一緒に公園へ、お出かけ弁当。

# わくわく行事ごはん

1年の行事や家族のイベントを
大切にしたいから、
いつも家族みんなでお祝いします。
行事に合わせて、
料理も私なりに工夫を凝らして。

### 1月・お正月

おせち、お雑煮は隣に住むお義母さん手づくりです。毎年、こうやって新年を迎えます。変わらない我が家のお正月の風景です。

### 3月・ひな祭り

おひな様のおにぎりをつくって、ケーキとお寿司は買ってきました。「わー、かわいいー!!」と娘は大喜び。夜にみんなでお祝いして、いただきます。

### 2月・バレンタイン

毎年恒例のチョコフォンデュ。最後には娘は全身チョコまみれになって、すごいことに。「おいしかったー」と大満足な子どもたち。

## 7月・誕生日

娘のリクエストは唐揚げとピザ。トマトクリームパスタは父ちゃん、唐揚げとカボチャスープは母ちゃん、ピザはみんなでつくりました。

## 5月・子どもの日

手まり寿司、お刺身、柏餅などの定番メニューに、かぶとの春巻き、こいのぼりウインナーをプラスして、子どもの日を盛り上げます。

## 12月・クリスマス

両面ホットプレートでチーズフォンデュと餃子の皮でマルゲリータ風。この後、すごい勢いでチキンを食べて、息子の乳歯が抜けるハプニングも。

## 10月・ハロウィン

ハロウィンなのでちょっと雰囲気を変えて。本当はもっとかぼちゃ料理をつくりたかったけれど、かぼちゃが売り切れ！　かぼちゃのグラタンに。

# としもり家のアルバム
# 夏

家の前に広がる一面のひまわり畑。
子どもたちは夏休み。
家の中も外もにぎやかになる季節。

自分たちで種から育てた大きなスイカ

ひまわりから毎年元気をもらいます

川遊び

夏休み。ラジオ体操はおうちでします

楽しかった虫取り

毎年恒例スイカ割り

夏の終わりの花火

お庭でプール遊び

Chapter 3

# ゆうこさんちの手づくり雑貨

我が家の家具や雑貨は手づくりのものがほとんど。
家族で自分たちの好みに合わせてつくります。
それらの一つ一つが、家族がくつろげる
空間づくりにひと役買っています。

## 家族と楽しくつくる手づくり雑貨＆インテリア

我が家の雑貨やインテリアの多くは私がリクエストをしたものをお義父さんが形にしてくれたもの。大好きな家具屋さんに行ったり、ネットで写真を見たりしてイメージを膨らませ、我が家に合う雑貨や家具を考えます。高校はデザイン科に通っていたので、ときには完成図を絵に描いたりして、イメージを伝えています。

この日もいくつかのアイテムの材料を買うために、行きつけのホームセンターへ。板材のことや使うネジ、塗料などのことはいまだにわからないことがあるので、お義父さんに教わりながら、そして相談しながら選んでいきます。板材を選ぶときは「断面に割れ目や節目がないか」、「扱いやすいかどうか」、「価格」が主なチェック項目だそうで、「なるほど」と勉強になる時間でもあります。

じいちゃんの木工教室。息子は自分用に買ってもらった小さめの電動ドリルドライバーで一生懸命組み立てています。

自分でつくった虫かご。どこにも売っていないオリジナル。虫取りに行くのが楽しみです。

memo

## 雑貨をつくるために そろえておきたい基本の道具

家庭でつくるのに大がかりな道具をそろえる必要はありませんが、必要なのが電動ドリルドライバー(写真左)とノコギリ。ドライバーは先のアタッチメントを変えれば、木材に穴をあけたり、ネジを打ったりできます。アタッチメントは別売りもされています。また、ノコギリは扱いやすいのが万能ノコギリなどと呼ばれる刃渡り20cmくらいのタイプ（写真右)、細かいところが切りやすい細い歯が特徴の自在ノコギリなどと呼ばれるタイプ（写真中央）がおすすめです。

木材を自宅でカットするのが難しい場合は、カットのサービスを行っているホームセンターなどもありますので、お店に問い合わせてみてください。

本書で使っている我が家の電動ドリルドライバー、ノコギリ。いずれも一般的なタイプです。

木材をカットしてもらえるサービスを利用すれば、工程がはぶけて助かります。

# ダイニング

## グラス入れ

毎日使うグラスは
木箱に入れて
カウンター上に。
見せる収納でカフェ風に。

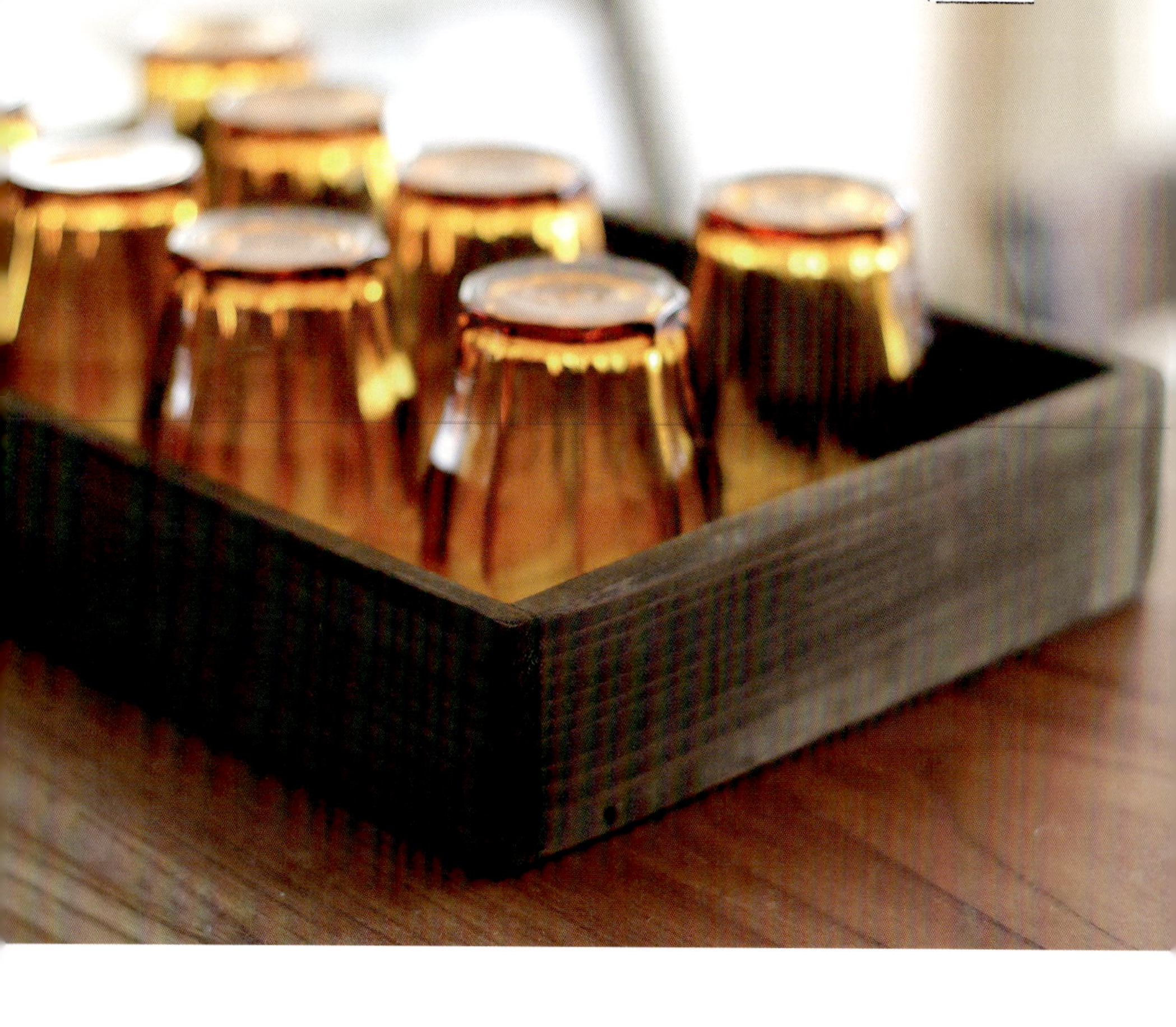

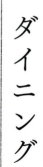

## [ 材料 ]

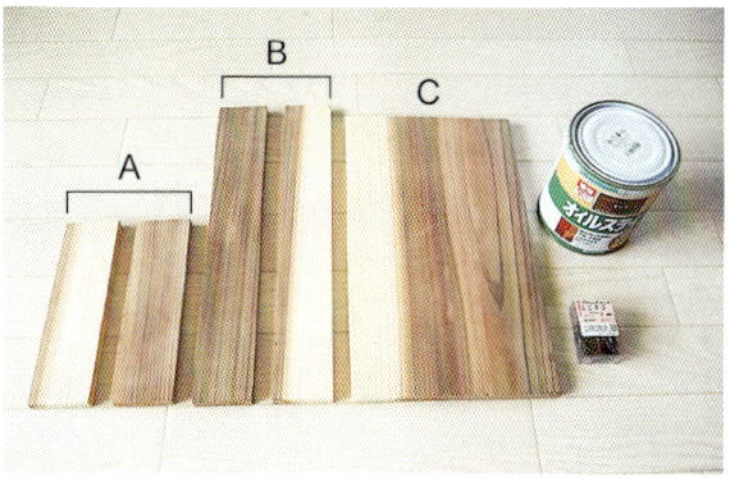


板材 A・厚さ 12㎜×幅 55㎜×長さ 205㎜…2 枚
板材 B・厚さ 12㎜×幅 55㎜×長さ 370㎜…2 枚
板材 C・厚さ 12㎜×幅 205㎜×長さ 346㎜…1 枚
木ネジ・直径 2㎜×長さ 24㎜…20 本
塗料（オイルステン・オーク）…適量

＊オイルステンは顔料の一種で、ハケあとを気にせず簡単に塗れるので、特に初心者におすすめ。また 2、3 度塗りも OK で、乾くのも早い。

## [ 工具 ]

さし金、電動ドリルドライバー、ドリルビット（直径 3.5㎜）、ノコギリ、メジャー、ハケ、木工用ボンド、サンドペーパー（#100）

## [ つくり方 ]

### 1 仮組み立て

板材 C の断面に木工用ボンドを塗り、板材 A と B をくっつけ、仮どめする。

### 2 本組み立て

板材 A と B を木ネジで 2 か所（計 8 か所）ずつ固定する。板材 A と C を木ネジで 3 か所（計 6 か所）ずつ固定し、板材 B と C を木ネジで 3 か所（計 6 か所）ずつ固定する。

手づくりアドバイス　ドリルドライバーで先に穴をあけておくと木ネジが打ちやすい。

### 3 サンドペーパーをかける

サンドペーパーで端を削る。

### 4 色を塗る

ハケで色を塗る。

でき上がり！

# カトラリー入れ

竹かごのふきん立てを利用して
カトラリー入れに。
素朴な竹の風合いが
お気に入り。

## [ 材料 ]

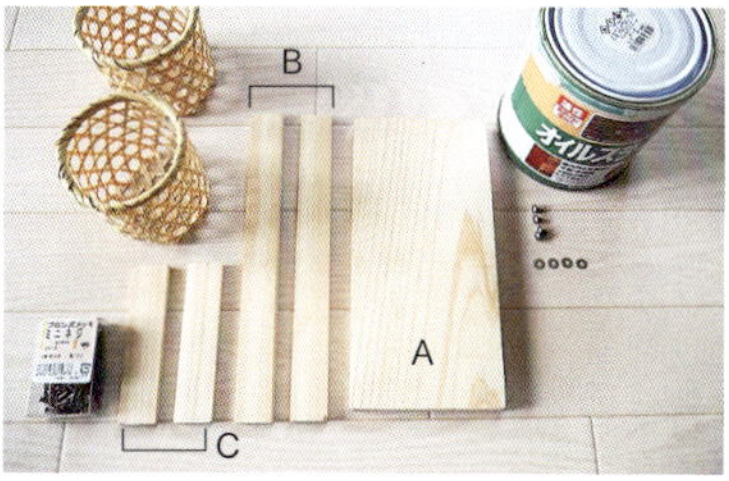


板材 A・厚さ 10㎜×幅 102㎜×長さ 210㎜…1 枚
板材 B・厚さ 6㎜×幅 25㎜×長さ 222㎜…2 本
板材 C・厚さ 6㎜×幅 25㎜×長さ 102㎜…2 本
木ネジ・直径 2㎜×長さ 20㎜…8 本
木ネジ・直径 3㎜×長さ 8㎜…4 本
塗料（オイルステン・オーク）…適量
竹かご（岩手県鈴竹　六ツ目ふきん立て）…2 個

## [ 工具 ]

さし金、電動ドリルドライバー、ドリルビット（直径 1.8㎜）、ノコギリ、プラスドライバー、ハケ、木工用ボンド、サンドペーパー（#100）

## [ つくり方 ]

### 1 仮組み立て

板材 B、C の両端に木工用接着剤を塗り、板材 A につけ、仮どめする。

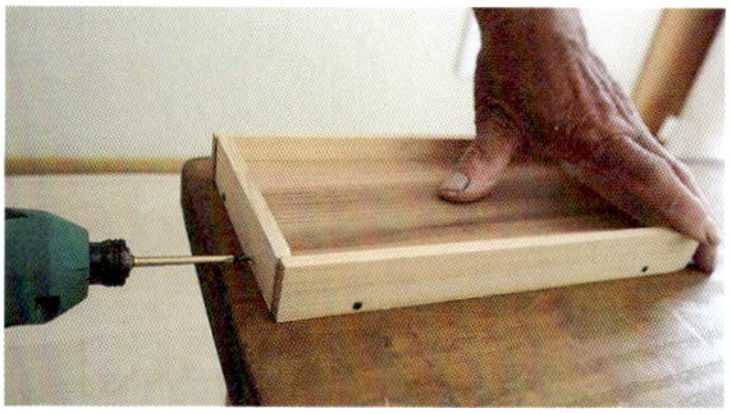

### 2 本組み立て

木ネジ（直径 2㎜×長さ 20㎜）で各辺 2 か所ずつ（計 8 か所）固定する。※ドリルドライバーで先に穴をあけておくとよい。

### 3 サンドペーパーをかける

サンドペーパーで端を削る。

### 4 竹かごを固定する

ハケで色を塗り、天板に木ネジ（直径 3㎜×長さ 8㎜）で 2 か所固定する。

手づくりアドバイス
編み目がクロスしている所 2 点を固定すると安定感がいい。

でき上がり！

## カフェトレー

食事もおやつもひとり分ずつ
トレーにのせて食卓へ。
持ちやすくて丈夫。
お気に入りのひとつです。

## [ 材料 ]

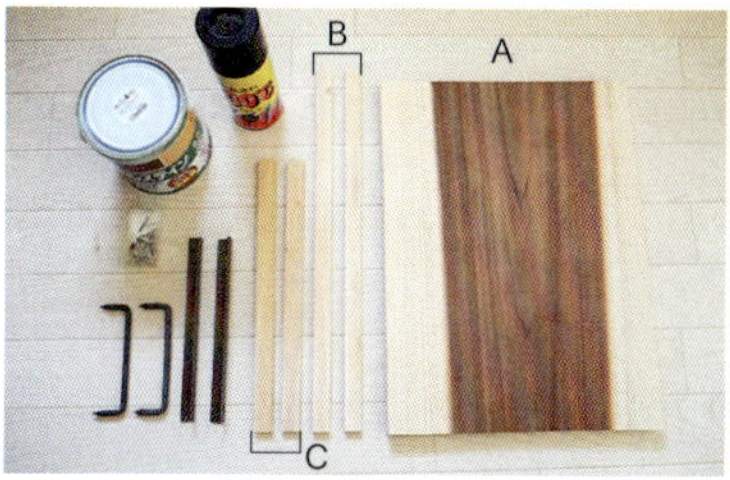


板材 A・厚さ 12㎜×幅 300㎜×長さ 400㎜…1 枚
板材 B・厚さ 6㎜×幅 18㎜×長さ 412㎜…2 本
板材 C・厚さ 6㎜×幅 18㎜×長さ 300㎜…2 本
木ネジ・直径 2㎜×長さ 20㎜…20 本
塗料（オイルステン・オーク）…適量
耐熱塗料（スプレー・好みの色）…適量
アルミ L 字型材・厚さ 1.5㎜×縦 15㎜×横 15㎜、長さ 200㎜…2 本
カスガイ…直径 7㎜×幅 37㎜×長さ 120㎜…2 本

## [ 工具 ]

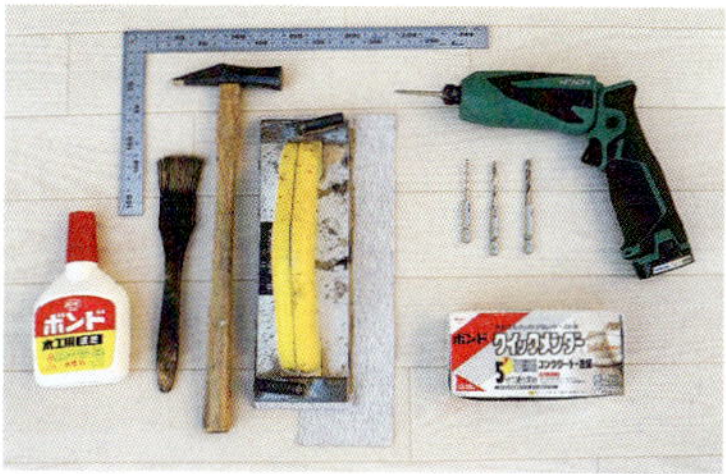


さし金、電動ドリルドライバー、ドリルビット（直径 5㎜、4.5㎜、2.3㎜）、ハンマー、ハケ、木工用ボンド、接着剤（エポキシ系の金属・木材用）、サンドペーパー（#100）

＊本書で使用しているエポキシ系の接着剤は写真の「ボンド クイックメンダー」。

## [ つくり方 ]

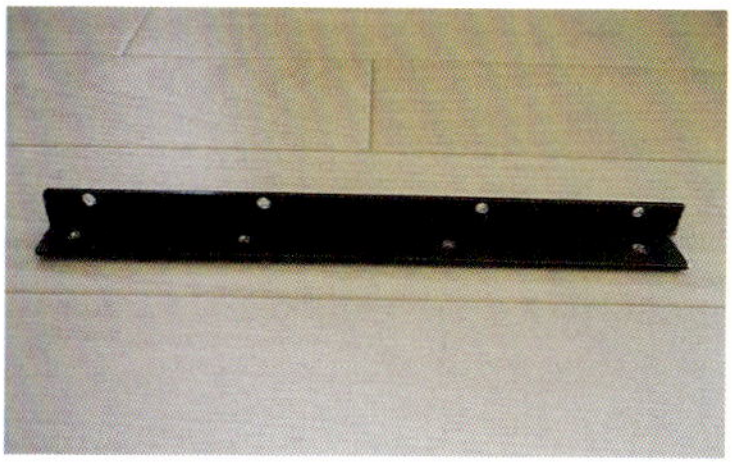

### 1 アルミ材に穴をあける

穴の位置が重ならないように、ドリルドライバー（ビット直径 2.3㎜）で 2 面に各 4 か所ずつ穴をあける。※ネジ止めしたときにネジ同士があたらないようにネジの穴の位置をずらす。

### 2 穴の出っ張りを取る

穴をあけたときにできる出っ張りを出っ張りがあるほうからドリルドライバー（ビット直径 4.5㎜）で少し削る。

### 3 持ち手の穴をあける

持ち手になるカスガイの幅に合わせてドリルドライバー（ビット直径 5㎜）で片側 2 か所穴をあける。

手づくりアドバイス　穴を楕円にあけると持ち手を斜めにつけられます。

## 4 板の状態を確認

板材Aを平らな場所に置き、安定する面を下にする。

## 5 本体をつくる

板材Aと板材B、Cの接合か所に接着剤をつけて、ドリルドライバーを使って木ネジ（短い辺3本、長い辺4本）で一辺ずつ固定する。

手づくりアドバイス

木ネジで固定するときに両端の底の面がそろうようにする。真ん中に木ネジを固定するときには板材Aの反りを直しながら固定する。

## 6 持ち手をつける下穴をあける

持ち手をつける側面に1のアルミL字型を当て、同じ位置にドリルドライバー（ビット直径5mm）で深さ約7mmの穴をあける（反対側にも同様に穴をあける）。

## 7 色を塗る

トレーにハケで色（オーク）を塗る。

## 8 附属品に色を塗る

アルミL字型とカスガイに耐熱塗料を塗る。※耐熱塗料を塗ると質感が出る。好きな色で。

## 9 アルミ材をつける

短いほうの側面に木工用ボンドを塗り、6であけた下穴の位置に合わせ、アルミL字型をつける。

## 10 木ネジで固定

9のアルミ材にドリルドライバーで木ネジを側面4か所、底面4か所固定する。

## 11 持ち手をつける準備

接着剤を6の持ち手をつける穴に流し込む。

## 12 持ち手をつける

カスガイをハンマーで斜めに食い込むまでしっかり打ち込む。接着剤が硬化すると完成（約10時間）。

でき上がり！

# マガジンラック

お気に入りの雑誌が
すぐに取り出せます。
絵本収納にもぴったり。

## [ 材料 ]

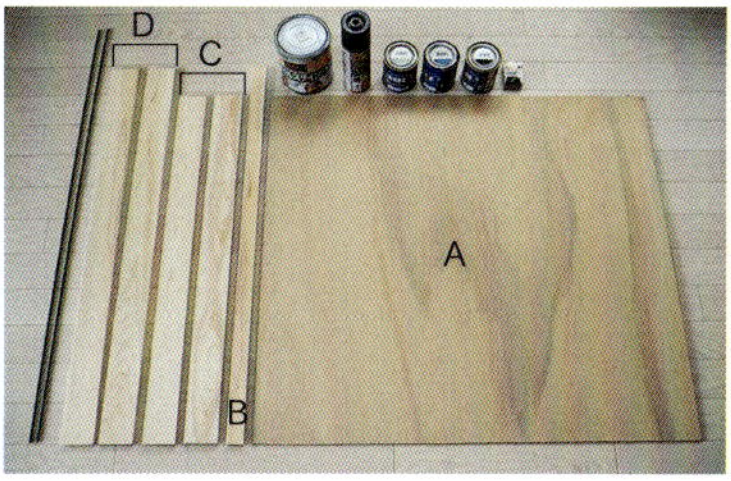


板材 A・厚さ 4㎜×幅 805㎜×長さ 705㎜…1 枚
板材 B・厚さ 9㎜×幅 30㎜×長さ 785㎜…1 本
板材 C・厚さ 9㎜×幅 60㎜×長さ 785㎜…2 本
板材 D・幅 12㎜×幅 60㎜×長さ 710㎜…2 本
園芸用支柱・直径 4.5㎜×長さ 1000㎜以上…2 本
木ネジ…直径 2㎜×長さ 24㎜…40 本
塗料 1（オイルステン・オーク・額縁用）…適量
塗料 2（ライトグリーン、アクアブルー、
ブラック・背面板用）…適量
ツヤ消しスプレー（黒）…適量
＊背面の色は調合しているが、調合の必要がない塗料を購入しても OK。ターナー色彩「J カラー」などがおすすめ。

## [ 工具 ]

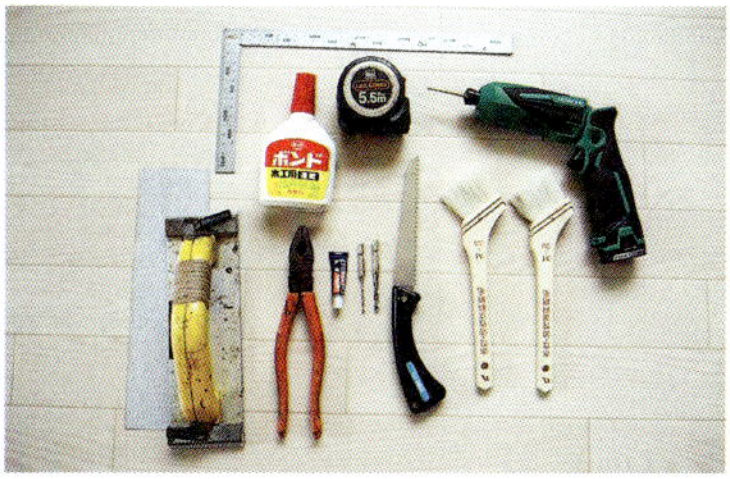

さし金、電動ドリルドライバー、ドリルビット（直径 3.5㎜、直径 5㎜）、ノコギリ、ペンチ、メジャー、ハケ（2 本）、木工用ボンド、金属・木材用接着剤、サンドペーパー（#100）

## [ つくり方 ]

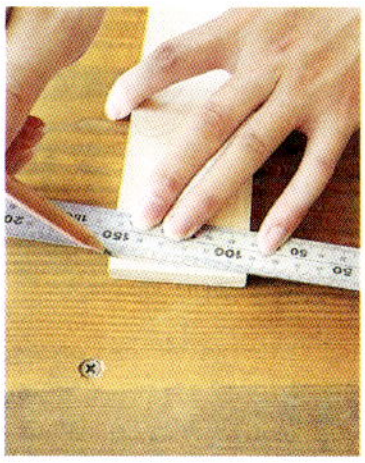

### 1 板材 D を切る

脚になる板材 D の片方のカドに斜めに 8㎜の罫線を引く。ノコギリで切り、断面にサンドペーパーをかける（同じものをもうひとつつくる）。

手づくりアドバイス
脚になる片方のカドを斜めに 8㎜切るのは、壁に斜めに設置した際に足底が床とフラットに接するため。

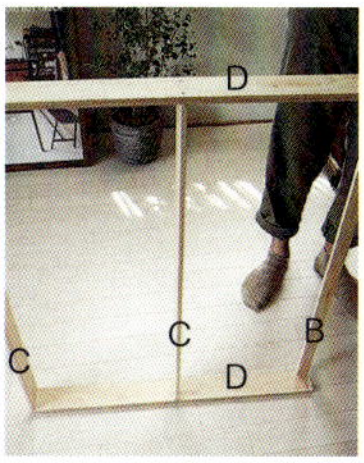


### 2 枠をつくる

板材 D と C、B を木ネジで D 側から固定する。中央の板材 C は両端の C と B の中間に取り付ける。

### 3 枠に色を塗る

ハケで色を塗る。

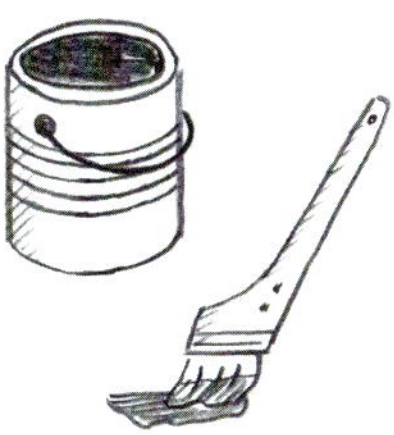

## ❹ 背面板に色を塗る

ライトグリーン、アクアブルー、ブラック（ほんの少し）をお好みの色に調合して塗料をハケで塗る。

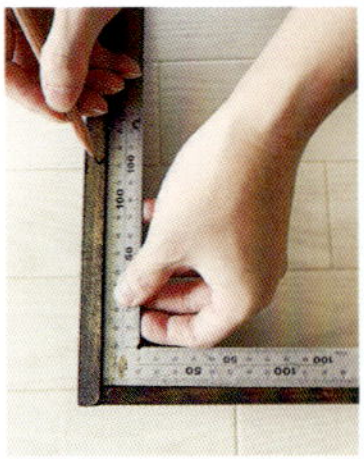

## ❺ 落下防止の下穴をあける

支柱を差し込む位置(床から約 130㎜）にビット(直径 5㎜）で、深さ約 15㎜の下穴を両側にあける。

## ❻ 支柱を曲げる

支柱の上から 25㎜の箇所にペンチで 90 度に曲げる（同じものをもうひとつつくる)。

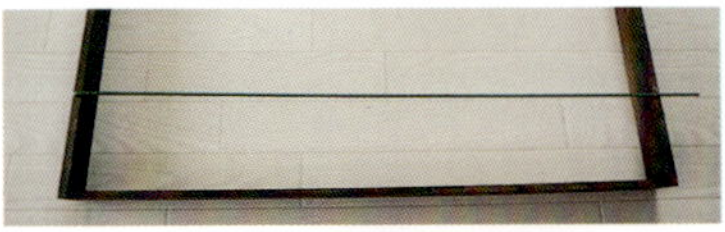

## ❼ 支柱を調整する①

6 で曲げた支柱を 5 であけた穴に差し込み(片側)、反対側の穴位置に合わせ、曲げ位置にマークをつける。

## ❽ 支柱を調整する②

7 でつけたマークを基準に 90 度に曲げる。その後、25㎜の位置でカットする。

## ❾ 支柱に色を塗る

支柱をいったん取り外し、ツヤ消しスプレーを吹きかける。

## 10 背面板をつける

板材Aを3の枠にのせ、木ネジで板材A側から各辺5本固定する。

手づくりアドバイス　背面板を固定するときに、真ん中の板材の固定も忘れないように。

## 11 落下防止をつける

6であけた下穴に金属・木材用接着剤を流し込み、支柱を差し込む。

でき上がり！

memo

### ペンキの種類と選び方、使い方

ペンキの種類は多種多様。塗るものによっても違ってきますが、大別すると油性、水性に分けられ、油性は耐久性にすぐれ、水性は扱いやすいのが大きな特長です。さらに木部用や工作・ホビー用、スプレー塗料など細かな種類に分けられます。

オイルステンはハケあとを気にせず塗れて、初心者におすすめ。

水性でも屋外木部用のものもあり、耐水性や耐候性がある。

# リビング

## こたつ天板

天板を変えるだけで
アンティーク風に。
部屋の雰囲気にも溶け込みます。

## [ 材料 ]

板材　厚さ25㎜×幅200㎜×長さ900㎜…3枚
塗料（オイルステン・オーク）…適量

## [ 工具 ]

ハケ、木工用ボンド、サンドペーパー（#100）

## [ つくり方 ]

### 1 板材を貼り合わせる

板材3枚を接着剤で貼り合わせる。約4時間、接着剤が硬化するまでおいておく。

### 2 四隅を削る

サンドペーパーで四隅を軽くアールにする。

手づくりアドバイス　貼り合わせた面に段差ができた場合はサンドペーパーで平らにする。

### 3 色を塗る

ハケで色を塗る。

できあがり！

# ティッシュケース

生活感が出やすいテッシュを
スッキリと隠してくれます。
どこに置いても
インテリアに溶け込みます。

## ゴミ箱

中の袋が見えにくいゴミ箱。
ほかのインテリアと
同系色にすると
部屋にしっくりなじみます。

# ティッシュケース

[ 材料 ]

板材 A・厚さ 15㎜×幅 121㎜×長さ 250㎜…1 枚
板材 B・厚さ 15㎜×幅 125㎜×長さ 255㎜…1 枚
板材 C・厚さ 15㎜×幅 85㎜×長さ 285㎜…2 枚
板材 D・厚さ 15㎜×幅 85㎜×長さ 125㎜…2 枚
木ネジ・直径 2㎜×長さ 30㎜…18 本
塗料（オイルステン・オーク）…適量

[ 工具 ]

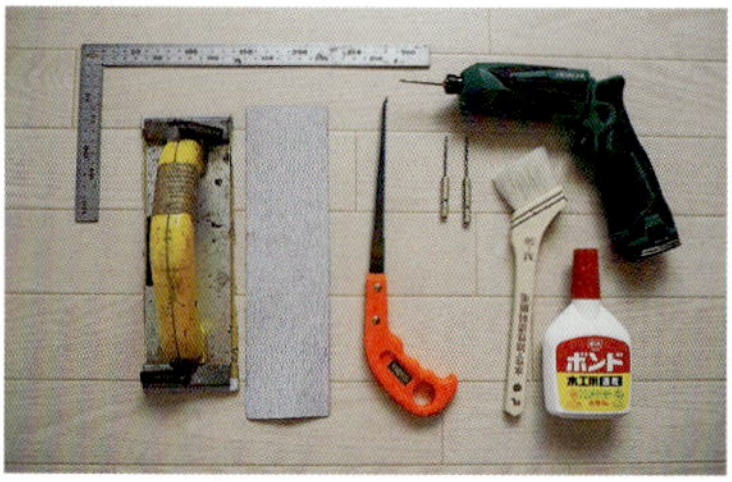


さし金、電動ドリルドライバー、ドリルビット（直径 3.5㎜、1.8㎜）、ノコギリ、ハケ、木工用ボンド、サンドペーパー（#100）

[ つくり方 ]

## ❶ 板材 A に楕円を書く

板材 A の真ん中に幅 22㎜×長さ 195㎜の楕円を書く。

## ❷ 楕円に穴をあける

1 で書いた曲線部分を電動ドリルドライバー（ビット直径 3.5㎜）で穴をあける。

## ❸ 楕円を切る

1 で書いた直線部分をノコギリで切る。

## ❹ 側面を組み立てる

板材 C に D の厚みの印を入れ、C の短辺 1 か所に木工用ボンドを塗り、D を仮どめする。

## 5 側面を固定する

C 側から木ネジ 2 本で固定する。同様にもう一方も固定する。

## 6 底板を仮どめする

5 の底になる部分に木工用ボンドを塗り、底板を仮どめする。もう一方の板材 D も仮どめする。

## 7 木ネジで固定する

6 の仮止めした底板と側面を木ネジで、短い辺 2 か所、長い辺 3 か所固定する。

## 8 色を塗る

サンドペーパーをかけ、ハケで色を塗る。

でき上がり！

**memo**

### ドリルを使った曲線の切り方

電動ドリルドライバーは DIY に欠かせない道具のひとつ。ネジ締めと穴あけの機能を兼ね備えていて、特に木工作には便利。またドリル部分はアタッチメントになっており、使う大きさのドリルビットが取りつけられます。

間隔をあけて（点になるように）ドリルビットで穴をあける。

電動ドリルドライバーを少しずつ動かしながら、穴をつなげ、ノコギリで切っていく。

# ゴミ箱

## [ つくり方 ]

### 1 側面をつくる

溝に木工ボンドを塗り、板材 C3 枚と板材 E1 枚を貼り合せる（同じものをもう 1 つつくる)。板材 D3 枚と板材 F1 枚も同じようにつくる（同じものをもうひとつつくる)。

### 2 板材の溝を取り除く

いちばん右側の板材の溝をペンチで取り除く。

手づくりアドバイス　羽目板はホームセンターで購入できる。サイズも各種ある。

### 3 側面を組み立てる

1 の長い辺の側面と短い辺の側面を木ネジで長い辺側から各隅 7 本ずつ固定する。

## [ 工具 ]

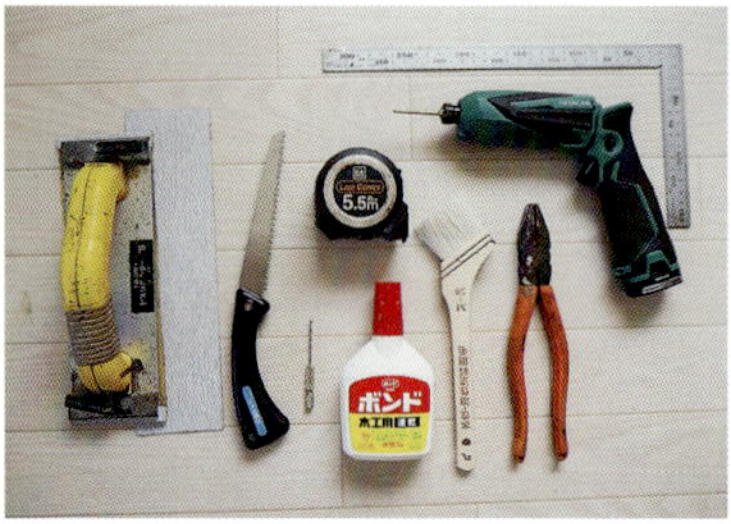


さし金、電動ドリルドライバー、ドリルビット（直径 2㎜)、ノコギリ、ペンチ、メジャー、ハケ、木工用ボンド、サンドペーパー（#100)

## [ 材料 ]

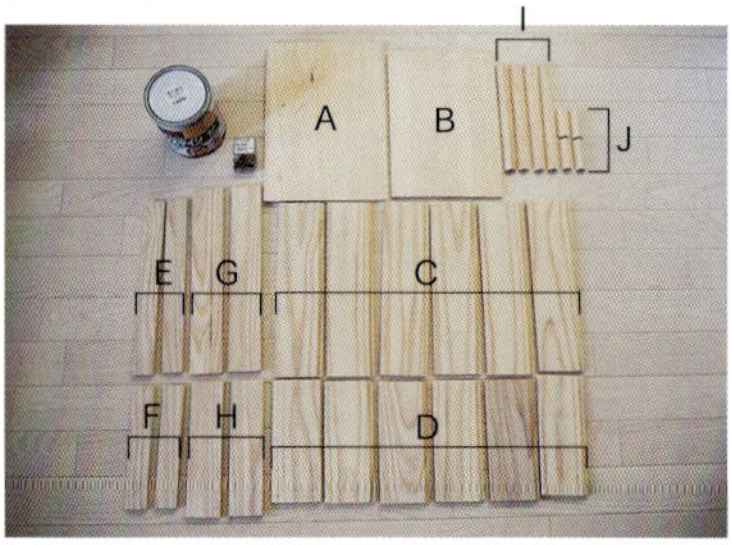


板材 A・厚さ 10㎜×幅 316㎜×長さ 220㎜…1 枚
板材 B・厚さ 10㎜×幅 292㎜×長さ 202㎜…1 枚
板材 C・厚さ 10㎜×幅 300㎜×長さ 70㎜（羽目板）…6 枚
板材 D・厚さ 10㎜×幅 190㎜×長さ 70㎜（羽目板）…6 枚
板材 E・厚さ 10㎜×幅 300㎜×長さ 30㎜（羽目板）…2 枚
板材 F・厚さ 10㎜×幅 190㎜×長さ 30㎜（羽目板）…2 枚
板材 G・厚さ 10㎜×幅 322㎜×長さ 55㎜（羽目板）…2 枚
板材 H・厚さ 10㎜×幅 210㎜×長さ 55㎜（羽目板）…2 枚
板材 I・厚さ 15㎜×幅 15㎜×長さ 210㎜…4 本（L 型）
板材 J・厚さ 15㎜×幅 15㎜×長さ 55㎜…4 本（L 型）
木ネジ・直径 2㎜×長さ 24㎜…52 本
塗料（オイルステン・オーク）…適量

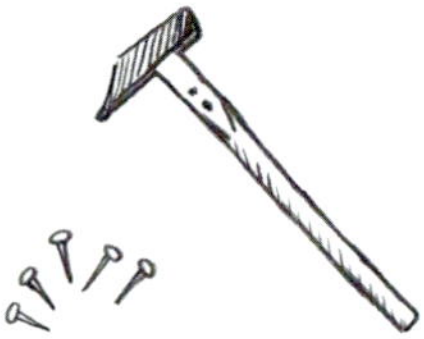

## 4 底板をつける

3の組み立てたものを裏返し、溝の内側をはがしたところに木工用ボンドを塗る。板材Bをはめ込み、木ネジで各辺4本ずつ固定する。

## 5 ふたの土台をつくる

板材GとHの内側になる溝をペンチで取り除き、組み立て、板材Gのほうから木ネジで各隅2本ずつ固定する。

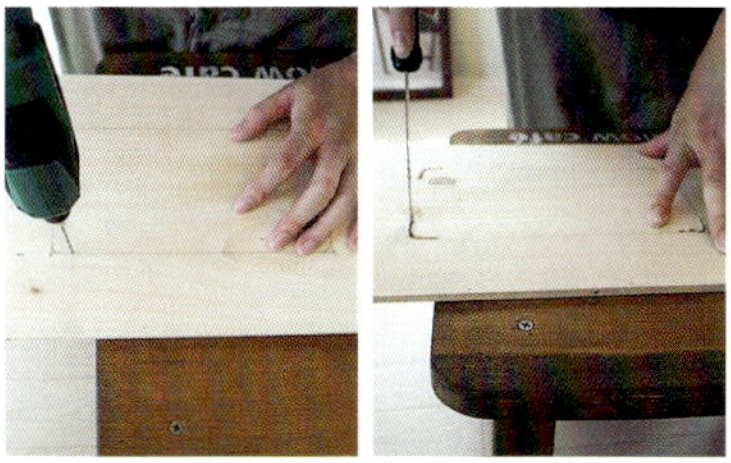

## 6 ふたをつくる

板材Aの真ん中に200㎜×110㎜の長方形を書き、四隅を電動ドリルで連なるように（ノコギリで切りやすくなるぐらいの大きさ）穴をあけ、ノコギリで切り抜く。穴のまわりはサンドペーパーでなめらかにする。

## 7 ふたをはめ込む

6の土台に木工用接着剤を流し込み、6のふたをはめ込む。※はめ込んだときに段差ができた場合はサンドペーパーで平らにする。

## 8 化粧板をつける

板材Iを本体の四隅に木工用ボンドで貼り、板材Jをふたの四隅に木工用ボンドで貼りつける。

## 9 色を塗る

ハケで色を塗る。

でき上がり！

[ 工具 ]

さし金、電動ドリルドライバー、ドリルビット（直径 1.8㎜）、メジャー、ハケ、木工用ボンド、サンドペーパー（#100）

[ 材料 ]

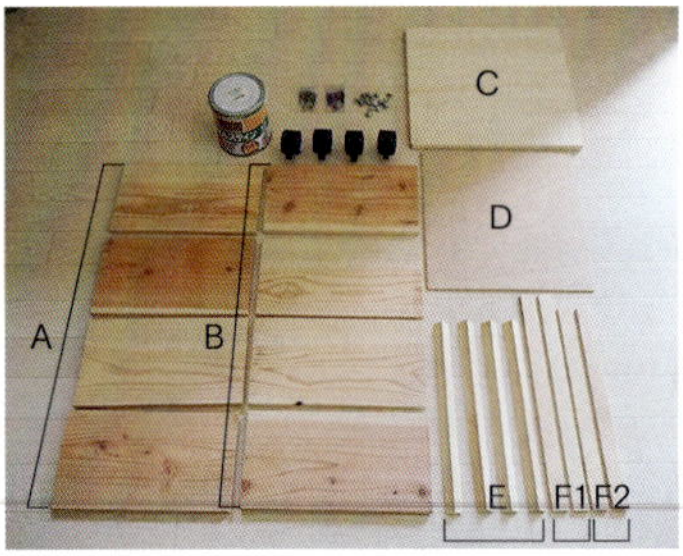


板材 A・厚さ 12㎜×幅 290㎜×長さ 150㎜…4 枚
板材 B・厚さ 12㎜×幅 300㎜×長さ 150㎜ 4 枚
板材 C・厚さ 12㎜×幅 342㎜×長さ 352㎜…1 枚
板材 D・厚さ 12㎜×幅 310㎜×長さ 300㎜…1 枚
板材 E・三角材 18㎜× 18㎜×長さ 315㎜…4 本
板材 F1・厚さ 6㎜×幅 25㎜×長さ 365㎜…2 本
板材 F2・厚さ 6㎜×幅 25㎜×長さ 342㎜…2 本
木ネジ・直径 2㎜×長さ 24㎜…64 本
木ネジ・直径 2㎜×長さ 16㎜…16 本
木ネジ・直径 5㎜×長さ 10㎜…16 本
キャスター・直径 40㎜…4 個
塗料（オイルステン・オーク）…適量

手づくりアドバイス　本書の観葉植物は 8 号サイズ。各家庭の植物によってサイズが変わってくるので、各家庭でサイズ調節を。

# 鉢カバー

植木鉢も足元にカバーをつけると
おしゃれ感がアップ！
キャスターをつけて
移動しやすくしました。

［つくり方］

## 1 側面をつくる

板材Eと板材Aを木工用ボンドで仮どめし、木ネジ（直径 2㎜×長さ 24㎜）12 本で固定する。その際、A の間にすきまをあけ、両端をそろえる。もう一方も同じように固定する（同じものをもうひとつつくる）。

## 2 側面を組み立てる

1 の側面を板材 B ではさみ込むように木ネジ（直径 2㎜×長さ 24㎜）で各辺 6 本ずつ固定する。
※1 の木ネジの位置と重ならないようにする。

## 3 底板をつける

3 の組み立てたものを裏返し、木工用ボンドで仮どめし、板材 D を木ネジ（直径 2㎜×長さ 24㎜）各辺 4 本ずつ固定する。

## 4 端面をきれいにする

底板がはみ出した部分をサンドペーパーで削る。

## 5 台座をつくる

板材 C と板材 F1、F2 を木工用ボンドで仮どめし、木ネジ（直径 2㎜×長さ 16㎜）で各辺 4 本ずつ固定する。

## 6 キャスターをつける

本体、台座ともにハケで色を塗る。台座の四隅に木ネジ（直径 5㎜×長さ 10㎜）で各 4 個ずつ固定する。

でき上がり！

# キッチン

## カッティングボード

パンやチーズを切るだけでなく、
そのままのせて、トレー代わりにも。
おもてなしのプレートなど、
使い方もいろいろ。

## [ 材料 ]

板材　厚さ 12㎜×幅 200㎜×長さ 285㎜…1 枚
蜜蝋ワックス…適量
＊蜜蝋ワックスは植物性由来のワックスで木のそのままの風合いを生かし、保護する。

## [ 工具 ]

さし金、ノコギリ、ウエス、サンドペーパー（#100）

## [ つくり方 ]

### 1 持ち手をつくる①

板材に持ち手になる部分に罫線を引く。A の幅は 50㎜、B は 30㎜、C は 85㎜。

### 2 持ち手をつくる②

ノコギリで切る。

### 3 断面を削る

断面にサンドペーパーをかける。

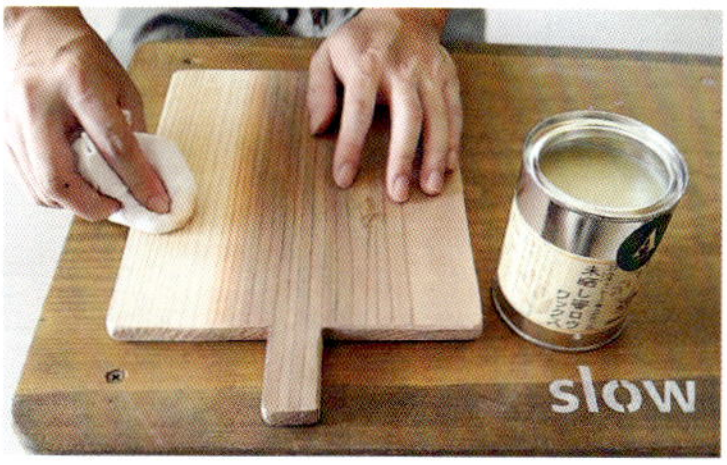


### 4 蜜蝋ワックスを塗る

両面にウエスで蜜蝋ワックスを塗る。

でき上がり！

# 踏み台

台所で、子どもたちが
お手伝いのときに大活躍。
ふたりの誕生日がスタンプされています。
丈夫なので大人が乗っても大丈夫。

# インターフォンカバー

無機質な印象のインターフォンも
カバーをつけてぬくもり感を。
細かいところですが、
つけるといい雰囲気に。

# 踏み台

## [ 材料 ]

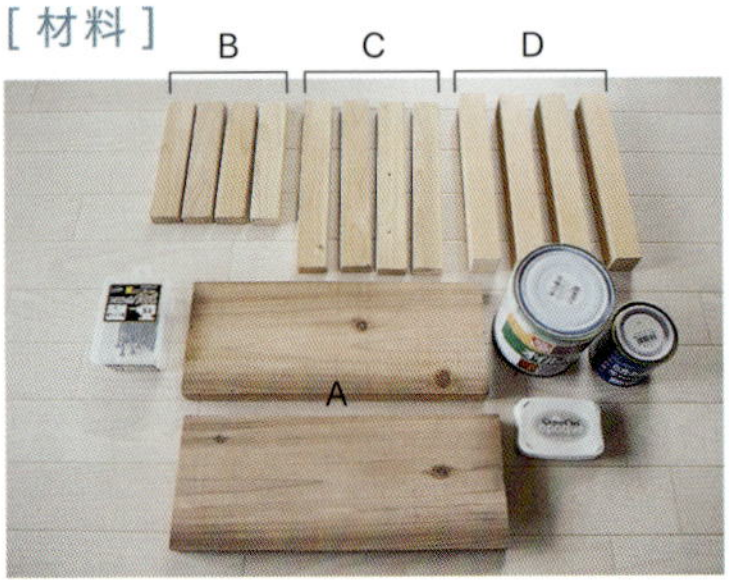


板材 A・厚さ 25㎜×幅 145㎜×長さ 360㎜…2 枚
板材 B・厚さ 18㎜×幅 40㎜×長さ 195㎜…4 本
板材 C・厚さ 18㎜×幅 40㎜×長さ 270㎜…4 本
板材 D・厚さ 35㎜×幅 35㎜×長さ 365㎜…4 本
木ネジ・直径 3.8㎜×長さ 65㎜…16 本
木ネジ・直径 3.8㎜×長さ 50㎜…4 本
塗料 1（オイルステン・オーク・天板用）…適量
塗料 2（オイルステン・ミルキーホワイト・脚用）…適量
スタンプ用インク（白色）…適量

## [ 工具 ]

さし金、電動ドリルドライバー、ドリルビット（直径 3.5㎜）、ノコギリ、ハケ、木工用ボンド、サンドペーパー（#100）、コンパス、スタンプ

## [ つくり方 ]

### 1 天板をつくる

板材 A2 枚を木工用ボンドで貼り合わせる。※合わせた面に段差ができた場合はボンドが乾いたあとにサンドペーパーで平らにする。約 4 時間、接着剤が硬化するまでおいておく。

### 2 脚の部分をつくる

板材 B を板材 D の厚みの真ん中になるように木工用ボンドでくっつける（同じものをもうひとつつくる）。板材 B2 は下から 50㎜の位置でくっつける。天板側の D1 と B1 と D2 の面はそろえる。

### 3 脚の短い辺のほうをとめる

板材 D の側から板材Bを木ネジ（直径 3.8㎜×長さ 65㎜）1 本で固定する。

手づくりアドバイス

ドリルドライバーで先に穴をあけておくと固定しやすい。

### 4 脚の長い辺のほうをとめる

短い辺の木ネジと重ならないように気をつけて、板材 D の側から板材 C を木ネジ（直径 3.8㎜×長さ 65㎜）1 本で固定する。

## 5 脚を仕上げる

脚にサンドペーパーをかける。※平らなところに置き、がたつきがないかチェック。がたつきがあればサンドペーパーかノコギリで平らにする。

## 6 天板にアール線を引く

天板の四隅にコンパス(瓶や瓶のふたなどでもＯＫ)で、半径 15㎜ぐらいのアール線を引く。

## 7 天板を切る

線通りにのこぎりで切る。

手づくりアドバイス
切るのが難しい場合は線より 1㎜ぐらい外側をざっくり切り、その後にサンドペーパーをかけ、断面を平らにする。

## 8 色を塗る

ハケで天板はオーク色を、脚はミルキーホワイトを塗る。

## 9 天板と脚をくっつける

天板と脚を端から 60㎜の位置で長い辺を 2 か所ずつ木ネジ（直径 3.8㎜×長さ 50㎜）で固定する。

## 10 スタンプを押す

スタンプを押し、オリジナル感を出す。

でき上がり！

# インターフォンカバー

## [ つくり方 ]

### 1 枠をつくる

板材A2枚とB2枚をA側から木ネジ（直径2㎜×長さ16㎜）で固定する。※各家庭のインターフォンの長さに合わせて切る。

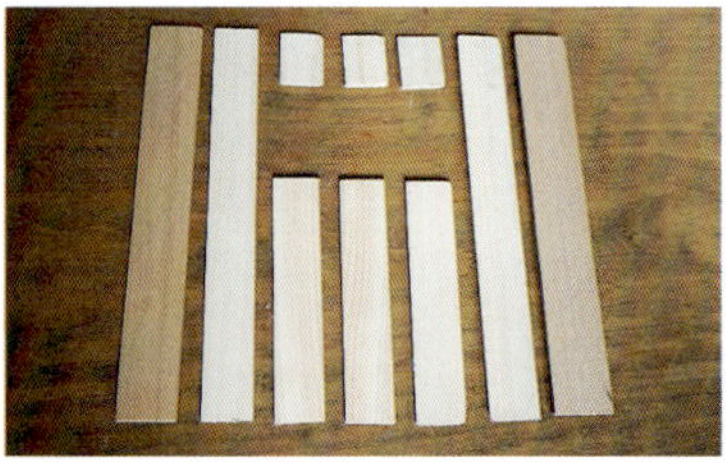

### 2 扉の板材を切る

カバーになる板材Cすべては各家庭のインターフォンの大きさや長さに合わせて切る。

### 3 扉をつくる

角板材Cの長い辺の側面に木工用ボンドを塗り、貼り合わせる。

## [ 工具 ]

さし金、電動ドリルドライバー、ドリルビット（直径1.8㎜）ノコギリ、ペンチ、クリッパー、ハケ、木工用ボンド、サンドペーパー（#100）

## [ 材料 ]

板材A・厚さ6㎜×幅30㎜×長さ168㎜…2枚
板材B・厚さ6㎜×幅30㎜×長さ137㎜…2枚
板材C 1・厚さ3㎜×幅22㎜×長さ168㎜…2枚
板材C 2・厚さ3㎜×幅20㎜×長さ168㎜…2枚
板材C 3・厚さ3㎜×幅20㎜×長さ97㎜…3枚
板材C 4・厚さ3㎜×幅20㎜×長さ25㎜…3枚
板材D 1・厚さ3㎜×幅10㎜×長さ168㎜…2本
厚さ3㎜×幅10㎜×長さ124㎜…2本
板材D 2・厚さ3㎜×幅5㎜×長さ46㎜…2本
厚さ3㎜×幅5㎜×長さ54㎜…2本
番線・直径3㎜×長さ70㎜…1本
木ネジ・直径2㎜×長さ16㎜…8本
木ネジ・直径2㎜×長さ6㎜…8本
塗料・（オイルステン・オーク）
蝶番《ちょうつがい》・幅20㎜×長さ25㎜…2本
マジックテープ・（カバーの対象が幅145㎜×長さ130㎜×太さ25㎜の場合）…幅25㎜

手づくりアドバイス　長さは各家庭のインターフォンに合わせて調節する。

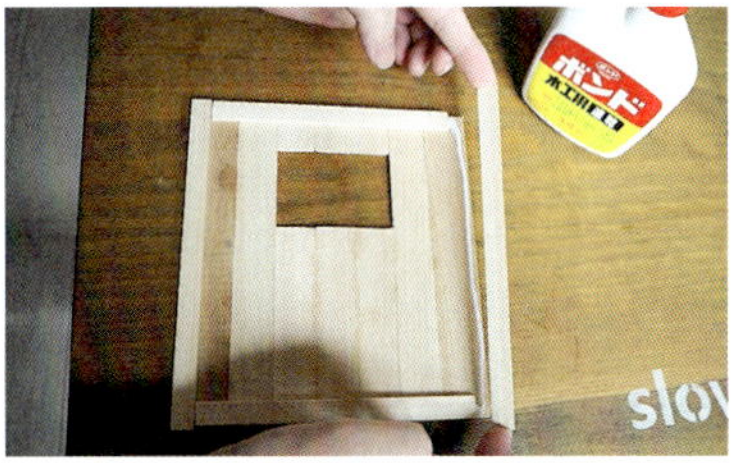


## ④ 扉の内側に板材を貼る

3の扉を裏返し、板材D1を外周の四辺に木工用ボンドで貼り合わせる。

## ⑤ 扉の内側に板材を貼る

扉の内側に板材D2を木工用ボンドで貼り合わせる。

## ⑥ 蝶番をつける

5の扉を表にし、左側の上下10㎜ぐらいの箇所に蝶番を木ネジ(直径2㎜×長さ6㎜)4本で固定する。

## ⑦ 枠に扉をつける

1の枠に5の扉を木ネジ4本で固定する。

## ⑧ 番線を曲げる

番線を端から15㎜の箇所でペンチで折り曲げる。

## ⑨ 取っ手の下穴をあけ、つける

取っ手の長さに合わせ、扉に電動ドリルで下穴をあける。下穴に木工用ボンドを流し込み、8の番線を差し込む。ハケで色を塗る。

でき上がり！

手づくりアドバイス

取り付け方は、モニターの外部四隅に約1.5㎝のマジックテープを貼り、それに合うようにカバーにもテープを貼って取り付ける。ドアと本体の角にもマジックテープを貼る。

# 子ども部屋

## ドールハウス

娘にと、お義父さんが
つくってくれました。
大人の私も思わず
ほっこりするかわいさ。

### [ 工具 ]

さし金、電動ドリルドライバー、ドリルビット（直径 3㎜、5㎜）、ノコギリ、メジャー、ハサミ、ハケ（2 本）、木工用ボンド、サンドペーパー（#100）、マスキングテープ

### [ 材料 ]

板材 A（背面側の壁）・厚さ 12㎜×幅 180㎜×長さ 370㎜…1 枚
板材 B（2 階の床）・厚さ 12㎜×幅 200㎜×長さ 370㎜…1 枚
板材 C（側面側の壁）・厚さ 12㎜×幅 300㎜×長さ 350㎜…2 枚
板材 D（背面側の屋根）・厚さ 12㎜×幅 235㎜×長さ 435㎜…1 枚
板材 E（正面側の屋根）・厚さ 12㎜×幅 245㎜×長さ 435㎜…1 枚
板材 F（1 階の床）・厚さ 12㎜×幅 345㎜×長さ 435㎜…1 枚
板材 G（窓枠用）・厚さ 3㎜×幅 5㎜×長さ 800㎜（定尺）…1 本
板材H・厚さ 3㎜×幅 15㎜×長さ 900㎜（定尺）…1 本
板材 I・縦 10㎜×横 10㎜×長さ 200㎜（写真はカット前）…2 本
板材 J・直径 5㎜×長さ 500㎜程度
木ネジ・直径 2㎜×長さ 24㎜…55 本
塗料（オイルステン・オーク）…適量
塗料（オイルステン・ミルキーホワイト）…適量
塗料（オイルステン・ブラウン）…適量
スプレー塗料（ダークブラウン）…適量

[ つくり方 ]

## ❶ 家の側面と屋根をつくる

板材Cに窓枠３つと屋根の線を２本 90 度に引く。

## ❷ 正面側の屋根をつくる

板材Eに外側から 30㎜の位置に線を引く。

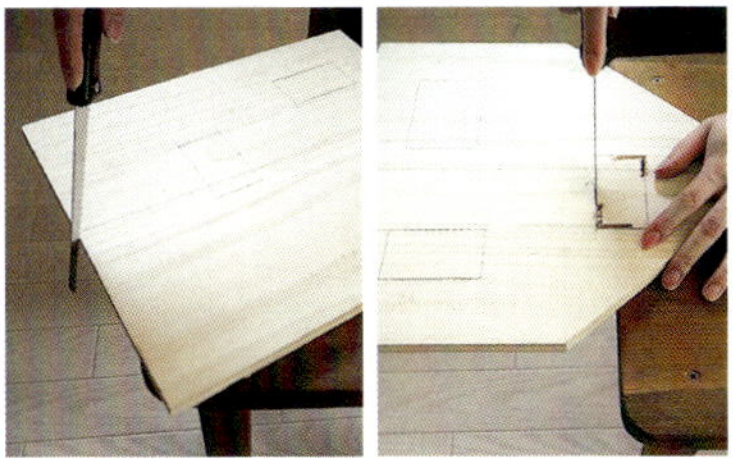

## ❸ 窓をつくる

1の窓枠と屋根、2の３辺（屋根になる部分）をノコギリで切る。窓枠の角は電動ドリルで連なるように（ノコギリで切りやすくなるぐらいの大きさ）穴をあけてから切る（P.77 参照）。

## ❹ 床板と窓枠に色を塗る

板材ＢとＧとＦにハケで色（オーク）を塗る。

## ❺ 屋根に色を塗る

屋根の板材Ｄと板材Ｅの外側をハケで色（ブラウン）を塗り、内側もハケで色（ミルキーホワイト）を塗る。

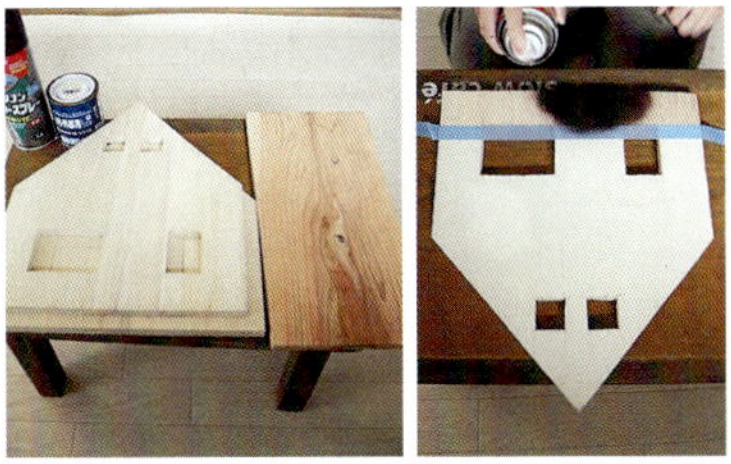

## ❻ 家の側面と背面に色を塗る

板材Ａと板材 C2 枚の両面をハケで色（ミルキーホワイト）を塗る。板材Ａと板材Ｃの外側の窓枠の下（腰板部分）にスプレーを吹きかける。未塗装部をマスキングテープで養生する。

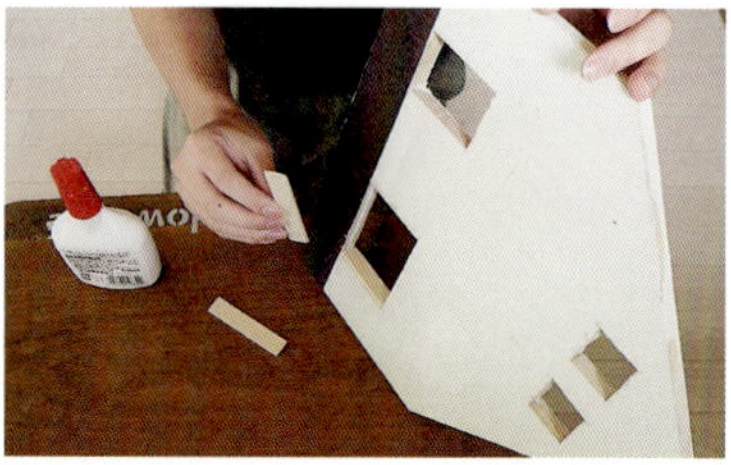

## 7 窓に内枠をつける

板材Hを3の切り抜いた窓の長さに合わせてハサミで切り、木工用ボンドで内側に貼る。

## 8 窓に外枠をつける

4で色を塗った板材Gを窓の大きさに合わせてハサミで切り、木工用ボンドで外側に貼る。

## 9 家を組み立てる

板材Aと板材C2枚を組み立て、板材C側から木ネジ3本で各辺を固定する。

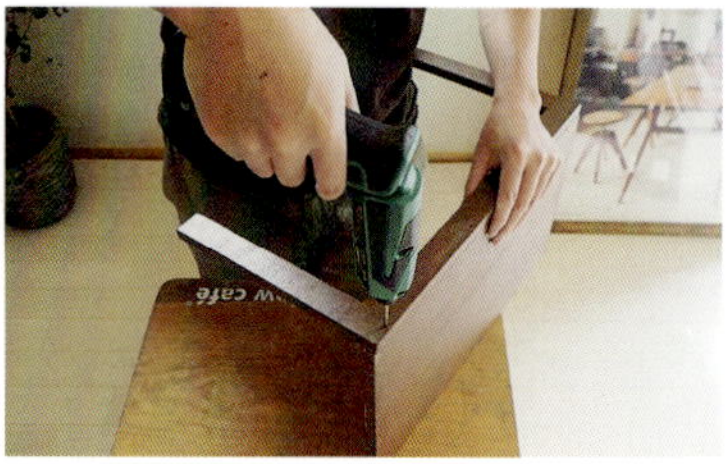

## 10 屋根を組み立てる

5の屋根の板材Dと板材Eを組み立て、板材E側から木ネジ5本で固定する。

## 11 家に屋根をつける

9の家に10の屋根をはみ出しが均等になるようにのせ、屋根の外側から側面の壁と屋根を木ネジ片側6本（計12本）で固定する。

## 12 2階の床板をつける

家を写真のように倒し、4の板材Bを側面から木ネジ片側3本（計6本）で固定する。

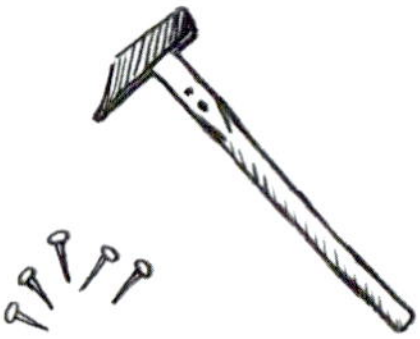

## 13 1階の床板をつける

4の板材Fの中央に家を置き、外側に線を引く。

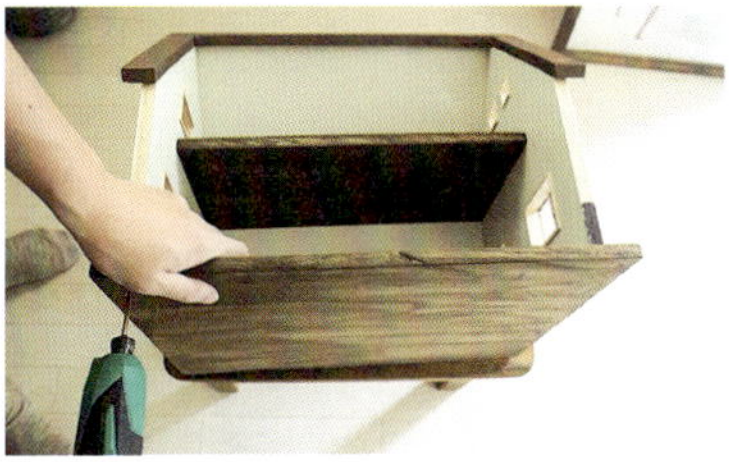

## 14 1階の床板と家を固定する

下側から木ネジ各辺4本（計12本）で固定する。

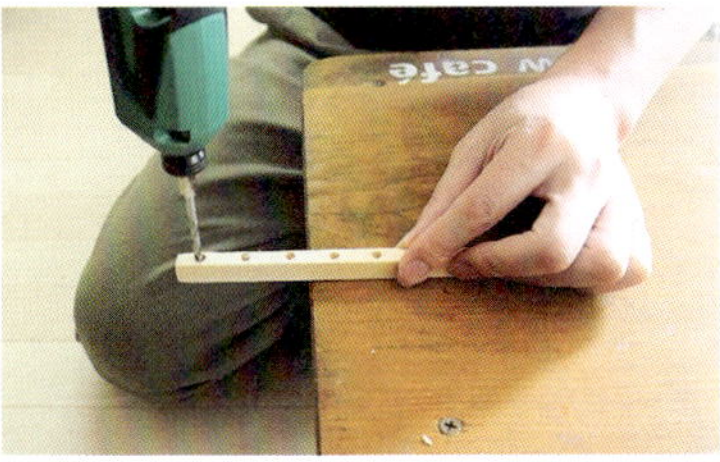

## 15 はしごをつくる

角材をに電動ドリルドライバー（ビット直径5㎜）で等間隔に下穴をつける（同じものをもうひとつつくる）。

## 16 階段をつくる

ハサミで丸棒を40㎜の長さに切り、15であけた下穴に差し込む。

## 17 はしごを組み立てる

16のもう片側に15の角材をはめ込む。

## 18 サンドペーパーをかける

はしごの片側をサンドペーパーで削り、ハケで色を塗る。

でき上がり！

# ドールハウスの
# 机と椅子

机と椅子は
娘のリクエスト。
レトロな感じが
おうちとぴったりです。

［材料］

板材 A・厚さ 9㎜×幅 60㎜×長さ 80㎜…1 枚
板材 B・厚さ 9㎜×幅 45㎜×長さ 40㎜…1 枚
角材・10㎜× 10㎜×長さ 45㎜…1 本
丸棒・直径 4㎜×長さ 600㎜…1 本

［工具］

電動ドリルドライバー、ドリルビット（直径 4㎜）、ハンマー、ペンチ、ハケ、木工用ボンド、サンドペーパー（#100）

［つくり方］

## ① 机と椅子をつくる

板材Ａの四隅に電動ドリルドライバーで深さ５㎜の穴をあける。板材Ｂの四隅に電動ドリルドライバーで２箇所は貫通させ、２箇所は深さ５㎜の穴をあける。

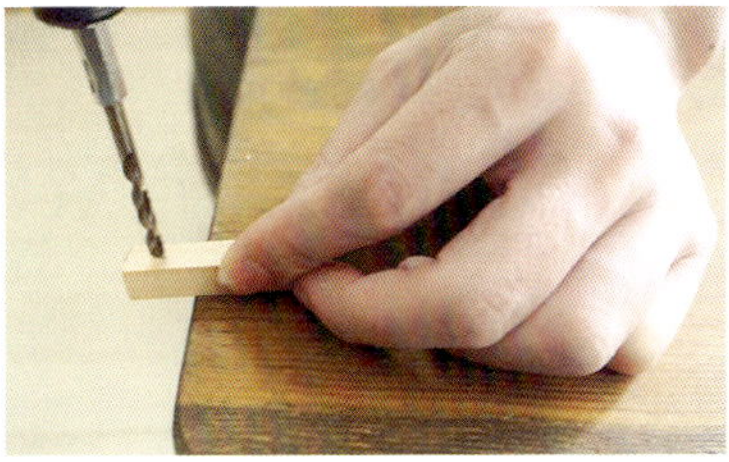

## ② 背もたれに穴をあける

角材の両端に電動ドリルドライバーで、深さ５㎜の穴を貫通しないようにあける。

## ③ 机と椅子の脚をつくる

丸棒をペンチで長さ35㎜２本と70㎜２本に切る（椅子用）。同じく丸棒をペンチで長さ50㎜に４本切る（机用）。

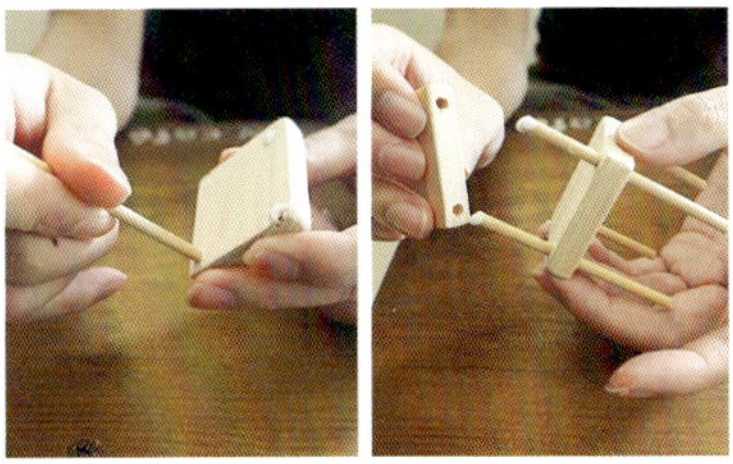

## ④ 椅子を組み立てる

板材Ｂの未貫通側の穴に木工用ボンドを流し込み、35㎜に切った丸棒を差し込む。角材に木工用ボンドを流し込み、丸棒をはめ込む。座面の裏側にも木工用ボンドを流し込み、70㎜に切った丸棒を差し込む。

## ⑤ 机に脚をつける

板材Ａに木工用ボンドを流し込み、50㎜に切った丸棒を差し込む。

手づくりアドバイス　色は塗っても、塗らなくても。白木のままでもかわいい仕上がりに。

でき上がり！

# ドールベッド

娘はぬいぐるみやお人形を
寝かしつけながら“ママごっこ”に夢中。
木のぬくもりを感じるドールベッドです。

[ 材料 ]

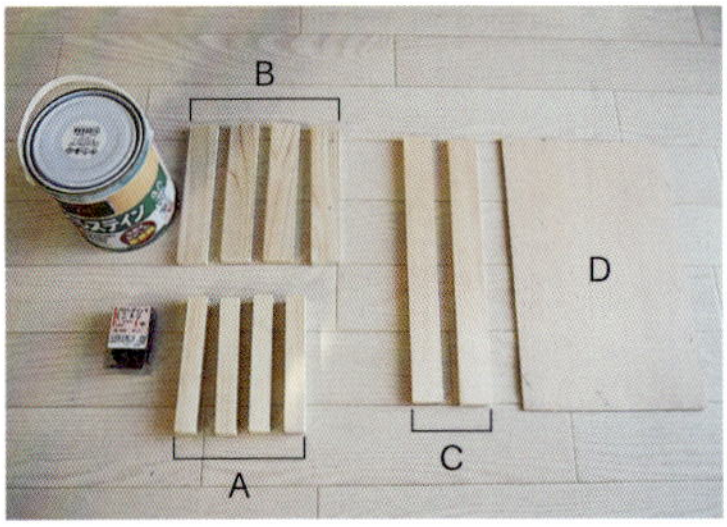


板材 A・厚さ 18㎜×幅 18㎜×長さ 130㎜…4 本
板材 B・厚さ 9㎜×幅 30㎜×長さ 160㎜…4 本
板材 C・厚さ 9㎜×幅 30㎜×長さ 290㎜…2 本
板材 D・厚さ 3㎜×幅 185㎜×長さ 300㎜…1 枚
木ネジ・直径 2㎜×長さ 24㎜…13 本
塗料（オイルステン・オーク）…適量

[ 工具 ]

さし金、電動ドリルドライバー、ドリルビット（直径 2㎜）、ノコギリ、ハケ、木工用ボンド、サンドペーパー（#100）

[ つくり方 ]

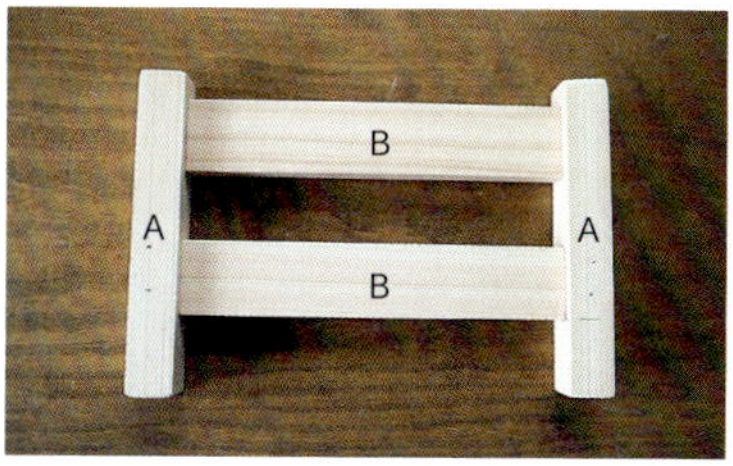


## 1 フレームをつくる

写真のように板材 A の厚みの真ん中に板材 B を木工用ボンドで仮どめする。

手づくりアドバイス　厚みの真ん中にくっつけるのが難しい場合、板材 B を A のどちらかの端にそろえても OK。

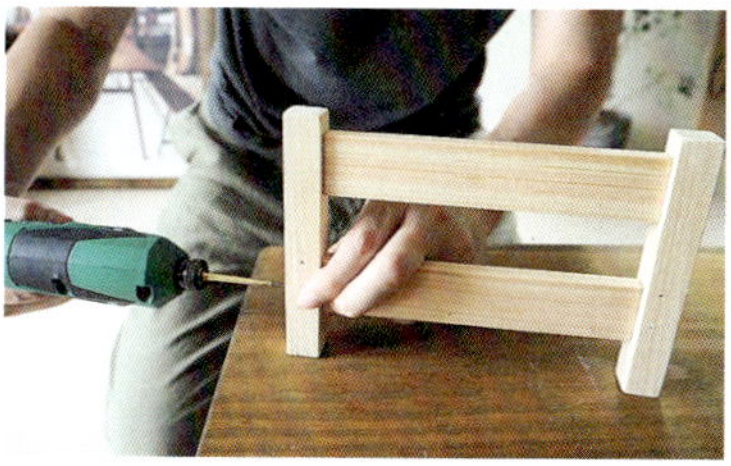

## 2 木ネジでとめる

1 を写真のように立て、板材Aの外側から木ネジ 2 本で固定する。

## 3 サイドフレームをつける

1、2 で組み立てたパーツに板材 C を板材 A 側から木ネジ 2 本で固定する（板材 D を取りつけた際に平らになるように、板材 C を 3㎜下げた位置に取りつける）。

## 4 床板の四隅を切る

床板（板材 D）がフレームに収まるように四隅をカットする。

## 5 床板を貼る

フレームに木工用ボンドを塗り、床板を貼りつける。

## 6 色を塗る

ハケで色を塗る。

でき上がり！

# 寝室

## キャベツボックス

ベッドサイドの本棚にしていますが、
衣類を整理したり、
野菜の収納やおもちゃを入れたりと
使い方もさまざま。

# 玄関

## ミニチュアハウス

ちょっとしたスペースに
ミニチュアハウスを並べて
愛らしいコーナーに。

# キャベツボックス

## [ つくり方 ]

### 1 持ち手をつくる

ノコギリで板材 A2 枚を 80㎜× 30㎜の大きさに切る。断面にサンドペーパーをかける。

### 2 短辺の側面をつくる

板材 C に板材 A を木ネジ（直径 2㎜× 24㎜）4 本で固定する（板材 A 1 枚につき、木ネジ 4 本。反対側も同じようにする）。板材はカットした部分が写真の向きになるようにつける。

### 3 真ん中の板をつける

真ん中の板を上下の板とのすき間が均等になるようにつける。

## [ 工具 ]

さし金、電動ドリルドライバー、ドリルビット（直径 1.8㎜）ノコギリ、ペンチ、ハンマー、ハサミ、メジャー、ハケ、サンドペーパー（#100）

## [ 材料 ]

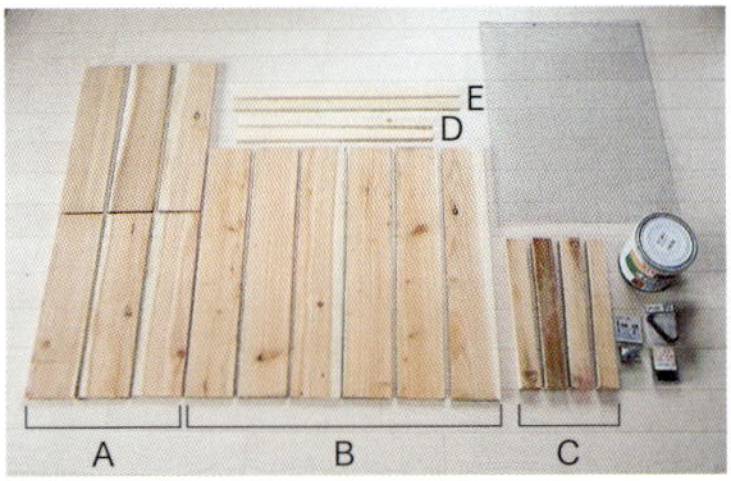


板材 A・厚さ 12㎜×幅 90㎜×長さ 355㎜…6 枚
板材 B・厚さ 12㎜×幅 90㎜×長さ 500㎜…6 枚
板材 C・厚さ 25㎜×幅 40㎜×長さ 280㎜…4 本
板材 D・厚さ 5㎜×幅 20㎜×長さ 355㎜…2 本
板材 E・厚さ 5㎜×幅 20㎜×長さ 500㎜…2 本
金網・横 375㎜×縦 498㎜　メッシュ部分 5㎜
クギ・直径 2㎜×長さ 15㎜…40 本
木ネジ・直径 2㎜× 16㎜…16 本
木ネジ・直径 2㎜× 24㎜…48 本
塗料（オイルステン・オーク）…適量
糸カスガイ…4 本
＊カスガイは取り付けが難しいのでお好みで。

## 4 長辺の側面をつける

3を写真のように立て、板材Bを上、手前に木ネジ（直径2㎜×24㎜）でつける。真ん中の板を上下の板とのすき間が均等になるようにつける（反対側も同じようにする）。※短い辺の側面の木ネジと重ならないように気をつける。

## 5 底に金網を仮固定する

ハケで色を塗る。ボックスを裏返し、金網を張り、クギで固定する。たわまないように気をつける。

## 6 金網を板材で固定する

短い辺に板材D、長い辺に板材Eを木ネジ（直径2㎜×24㎜）で各辺4箇所固定する。※木ネジがクギと重ならないように気をつける。

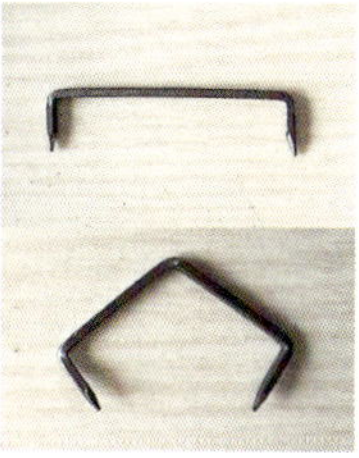

## 7 糸カスガイを曲げる

糸カスガイを真ん中からペンチで90度に曲げる（同じものを4つつくる）。※7、8の工程は取りつけが難しいのでお好みで。

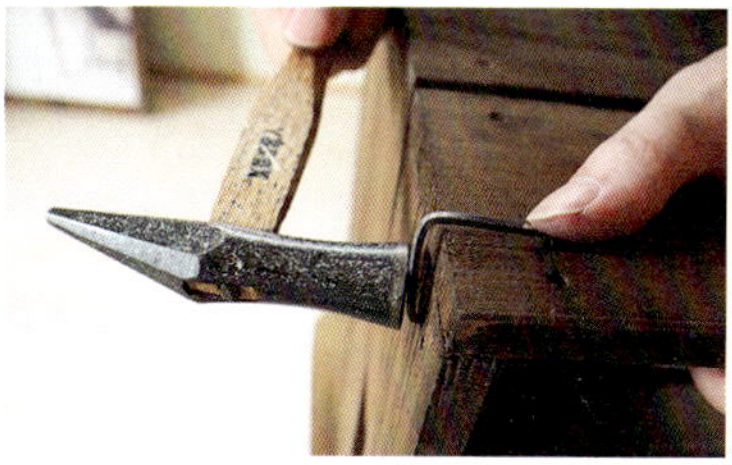

## 8 糸カスガイを打ち込む

持ち手のある板の四隅に7の糸カスガイをハンマーで打ち込む。

でき上がり！

memo

### 糸カスガイを活用する

カスガイはコの字型をした金属製の釘。糸カスガイはカスガイよりも細くて小さい。45㎜や60㎜のサイズが一般的。デザイン性のある木工作品や小さい木工作品に使うことが多いです。

# ミニチュアハウス

## [ 材料 ]

板材 A・厚さ 25㎜×幅 45㎜×長さ 700㎜…1 本
板材 B・厚さ 3㎜×幅 10㎜×長さ 600㎜…1 本
レザー・幅 30㎜×長さ 50㎜…1 枚
クギ（直径 1.5㎝×長さ 25㎜）…1 本
塗料 1（オイルステン・オーク・ドア用）…適量
塗料 2（オイルステン・ミルキーホワイト・壁用）…適量
ブライワックス（エイジング処理用）…適量
※ブライワックスは色つきの蜜蝋ワックスで、木材の表面を保護してくれるが、水回りには不向き。
※エイジング処理は使い込まれたような風合いを出す。

## [ 工具 ]

さし金、ノコギリ、ハサミ（レザー用布切りバサミ、ドア用バサミ） ハケ（大・小）各 1 本、カッター、ピンセット、ハンマー、木工用ボンド、スポンジ、消しゴム、サンドペーパー（#100）、スタンプ（好みのもの）、スタンプ用インク（好みの色）

## [ つくり方 ]

### 1 角材を切る

板材Aに好きな家の形になるように線をひき、ノコギリで切る。

### 2 色を塗る

ハケで色（ミルキーホワイト）を塗る。

### 3 ワックスを塗る

スポンジでブライワックスを塗り、好みの風合いを出す。

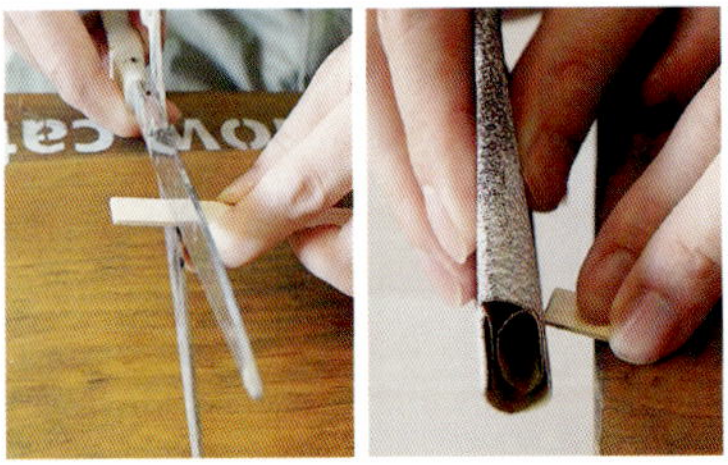

### 4 ドアをつくる

板材Bをハサミで適当な大きさに切り、サンドペーパーでドアの形に削る。

## 5 ドアに色を塗る

ドアをピンセットではさみ、オイルステン缶（オーク）に浸ける。

手づくりアドバイス

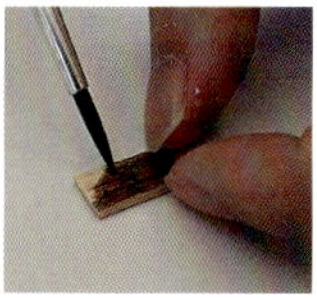

ドアはハケで塗ってもOK。

## 6 ドアを貼る

5のドアを木工用ボンドで貼る。

## 7 窓をつくる

消しゴムをカッターで窓の大きさになるように切り、インクをつけ、6の家にスタンプする。好みのスタンプを押す。

## 8 屋根にレザーを貼る

レザーを屋根の大きさに合わせてハサミで切り、木工用ボンドで貼る。

## 9 煙突をつける

クギに色（ミルキーホワイト）を塗り、乾かす。乾いたら、屋根の好きな位置にハンマーで軽く叩きながらつける。

でき上がり！

memo

### スタンプ&スタンプインク

英字や数字など好みのスタンプを押せばオリジナル感がアップ。インクは油性と水性があり、木工製品に使う場合、水濡れしても落ちにくい油性がおすすめ。用途に合わせて選ぶといいでしょう。

# 洗面所

## 木製フック

フックの位置や数など
好みに合わせて調節を。
洗面所や台所で重宝しています。

［材料］

板材　厚さ9㎜×幅30㎜×長さ770㎜…1本
丸棒　直径10㎜×長さ100㎜…1本
木ネジ　直径2㎜×長さ20㎜…5個
塗料（オイルステン・オーク）…適量

［工具］

さし金、電動ドリルドライバー、ドリルビット（直径、1.8㎜）、ノコギリ、メジャー、ハケ、サンドペーパー（#100）

[ つくり方 ]

## 1 フックの位置を決める

板材にフックをつける位置に印を書く。

手づくりアドバイス　板材の長さによってフックの数を調整するとよい。

## 2 フックをつける穴をあける

1の印をつけた箇所にドリルドライバーで穴をあける。

## 3 フックをつくる

丸棒をノコギリで 20㎜の長さに切り、サンドペーパーをかけ、中央にくぼみをつくる。サンドペーパーは丸めて使うとやりやすい。

## 4 フックに穴をあける

フックの真ん中にドリルドライバーで貫通させないように穴をあける。

## 5 フックをつける

フックの穴をあけた箇所に木ネジを差し込み、ドリルドライバーで締める。木ネジを締め込むときにフックが一緒に回わらないように板材をしっかりと押さえながらする。

## 6 色を塗る

ハケで色を塗る。

でき上がり！

# ガーデン

## ガーデンピック

ガーデンピックを立てて
お庭をかわいく。
エイジング処理をすると
雰囲気がアップ

[材料]

板材・厚さ 18㎜×幅 90㎜×長さ 450㎜…2 枚
角杭・縦 45㎜×横 45㎜×長さ 600㎜…1 本
木ネジ・直径 2㎜×長さ 24㎜…4 本
塗料 1（オイルステン・オーク）…適量
塗料 2（オイルステン・ミルキーホワイト）…適量
ブライワックス（エイジング処理用）…適量

[工具]

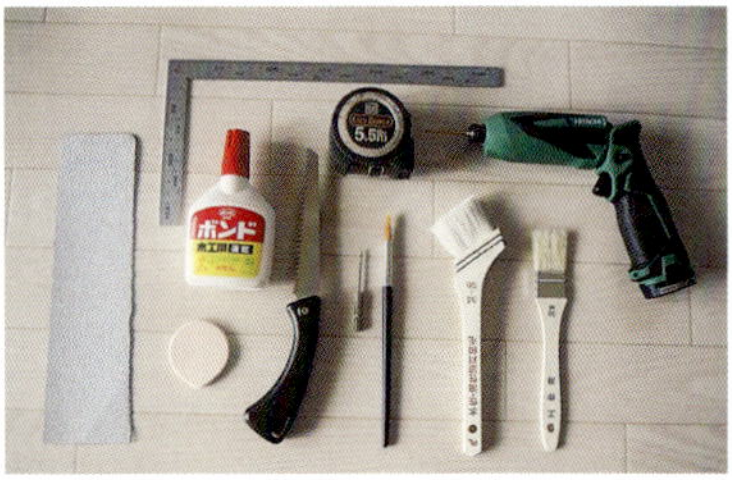


さし金、電動ドリルドライバー、ドリルビット（直径1.8㎜）、ノコギリ、ハケ、メジャー、木工用ボンド、筆、スポンジ、サンドペーパー（#100）

[ つくり方 ]

## 1 板材の角を切り落とす

板材の短い辺の片側をノコギリで 90 度に切り落とす（同じものをもうひとつつくる）。

## 2 サンドペーパーで削る

断面をサンドペーパーで平らにする。

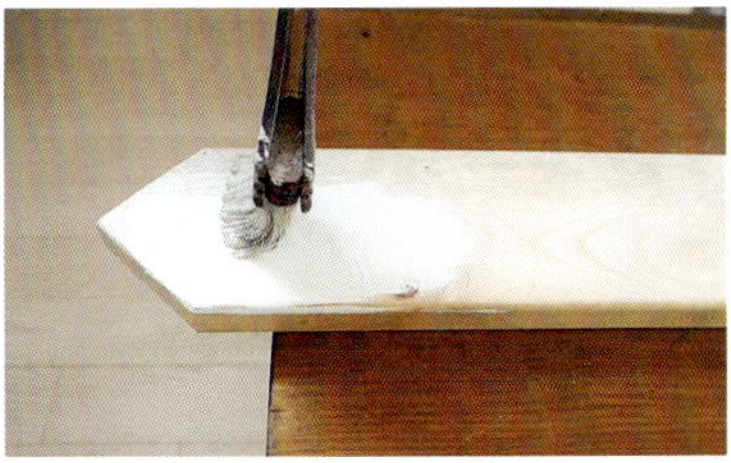

## 3 板材に色を塗る

板材にハケで色（ミルキーホワイト）を塗る。

## 4 角材に色を塗る

角材にハケで色（オーク）を塗る。

## 5 角材に板をつける

板材側から木ネジで各 2 本ずつ固定する。木ネジは目立たないように色を塗る。

## 6 文字を書く

好きな文字を書き、ブライワックスでエイジング処理をする。

でき上がり！

# としもり家のアルバム 秋

収穫の秋は子どもたちも
農作業を手伝います。
晴れた日には
お外でのんびり過ごします。

ひいばあちゃんと畑仕事

お弁当持って稲刈りのお手伝い

じいちゃんとコンバインに乗って

ブランコ楽しいな

おうちの近くで落ち葉拾い

お外でスケッチ

毎年恒例、私の実家でさつまいも掘り

秋のお祭り。「わっしょい、わっしょい」

Chapter 4

# ゆうこさんちの お気に入りの道具と収納

古民家風のインテリアやレトロな雑貨で
落ち着いた雰囲気を演出。
収納は「見せる収納」でものを増やさず、
限られた空間ですっきりと。

# 古民家風のインテリアと昭和レトロな雑貨に惹かれて

インテリアが大好きなので、最新のものや世の中でどんなものが流行しているのかは気になります。雑誌やお気に入りのインスタグラマーさんの記事を参考にしたり、ネット検索したり、トレンドはなんなのかをチェックしています。

でも、ここ数年は古民家風のインテリアや昭和レトロな雑貨に心惹かれます。主張しすぎないデザインと温かみが感じられる色合いやフォルムが大好きです。我が家の手づくり雑貨や家具との相性がいいのも気に入っています。ただ、欲しいものが見つかっても本当に必要かどうかをよく考えてから買うようにしています。特に雑貨は使う頻度が高いですから、見た目以外にも使いやすさも大切です。

昭和の水屋をイメージして作りました。お気に入りの器を見せて収納しています。

## 時計

最近見かけなくなった柱時計。昭和レトロなフォルムと、どこか懐かしさを感じるボーンボーンという音色がとても心地よく響きます。

## ランプシェード

お気に入りのアラログのランプシェード。ぬくもりのある灯りで、我が家のダイニングを照らしてくれます。TRUCK FURNITURE で購入。

## ブックスタンド

古道具屋さんで見つけたブックスタンド。さりげないデザインで一目ぼれ。愛読書のインテリア雑誌や雑貨の本を立てて楽しんでいます。

## カメラ

愛用のオリンパスのカメラ。大きさもほどよく、扱いやすいところが気に入っています。インスタや子どもたちとの日々を撮影。

## バッグ

旦那さんから結婚記念日にプレゼントしてもらったバッグ。インスタグラマーの@ megrimegru さんにオーダー。使い込むほどいい色合いに。

## ランプ

アンティークランプ。さびれ具合もお気に入り。キッズクローゼットのすぐ横に設置。部屋のアクセントにもなり、やさしい灯りで癒されます。

## ひざかけ

インスタグラマー@ harinezumi.0105 さんのひざかけ。かわいらしい色合いと暖かさがグッド。ポットマットもこの方が作ったものを愛用しています。

## ミシン台

95 歳になる祖母が使っていた足踏みミシンに天板をつけてもの置き台にリメイク。雰囲気のあるインテリアに大変身しました。

## アイロン

ドイツのDBK社のアイロン。レトロな見た目が気に入って購入。パワーがあり、シワもラクに取れ、アイロンがけも楽しくなりました。

## はりみ&棕櫚《しゅろ》のミニほうき

手になじみ、使いやすく、レトロな感じがお気に入りの掃除道具です。掃除機をかけるほどでもない「ちょこっと掃除」にも大活躍！

## 扇風機

plywood ZAKKAで購入したハモサの扇風機。レトロな感じとチョコレート色は我が家のほかのインテリアとの相性も◎。

## アラジンのストーブ

色は3色からすごく悩んで黒にしました。やかんでお茶を沸かしたり、コトコト煮ものをつくったり、いろいろ使えてうれしいです。

# 毎日使うキッチン用品は長く使えて手になじむものを

近所にお気に入りの店が少ないのでネットショップを活用することが多いです。毎日使うことが多い水きりかごやざる、おひつなどのキッチン用品は職人さんの仕事ぶりが感じられる手づくりのもの、少し高くても長く使えるもの、使っているうちに味が出て手になじむものが好き。食器はお気に入りの作家さんのものを揃えたり、雑誌などを見て料理家さんのものを参考に購入したりしています。

できるだけものを増やさないように、たとえば、かごなら水切りかごにも、収納にも使えるひとつで何役もこなしてくれるものを選びます。食器は食器棚にしまえる分だけと決めています。そして長く愛用するために「手入れはしっかり」がマイルールです。

休日はいつもより少し遅めの朝食。入れたてのコーヒーのいい香りが食卓に漂います。素敵な１日になりますように。

## 和食器

丸伴工場さんの器。かわいらしい絵柄にほっこりします。アカウント名@ homy1949 さんのお店でオーダーしました。

## コーヒーカップ＆ソーサー

兵庫県赤穂市・暖木さんに行ったときに一目惚れして、初めて作家さんの器を購入。rutawa.rawajifu さんのもの。私の器好きはここから始まりました。

## 茶セット

これもｒｕｔａｗａ．ｒａｗａｊｉｆｕさんの急須と湯のみ茶碗。しっくりと手になじみます。お茶も丁寧に入れるようになりました。

## コーヒーメーカー＆ポット

ケメックスのコーヒーメーカーとタカヒロのディモンシュ限定カラーツヤ消しブラックのドリップポット。ティータイムを楽しむときの必須アイテムです。

## 刺し子

懐かしさの中に新しさもある刺し子が好き。ランチョンマットはアカウント名@ 04_me_04 さんの作品でいちばんのお気に入りです。

## ポットマット＆鍋敷き

お気に入りのインスタグラマーさんのポットマットと佐渡の職人さん手づくりのわらの鍋敷き。素朴で、使うと幸せな気持ちになります。

### 曲げわっぱのお弁当箱

通気性があるので蒸れず、おいしさが保てるのもいいです。使い込むほど風合いがよくなるところも曲げわっぱのよさで好きな理由。

### お椀

使いやすく、洗いやすい薗部産業の銘木椀。コロンと丸みのある形は手によくなじみ、口元に運ぶとやさしい木のぬくもりを感じます。

### 鬼おろし＆スライサー＆みそこし

3つとも竹製。プラスチック製のものより手にしっくりとなじみます。大根おろしや野菜、おみそ汁がおいしくなりました。

### キッチンクロス

キッチンクロスはリネン生地。毎日使うものだから、傷むのを気にせず、洗濯機でジャブジャブ洗えるのがいいです。かごは友だちからのプレゼント。

### せいろ

野菜や点心などふっくらおいしくできます。アツアツ蒸し立てを食べられるのもいいです。それに蒸すだけだから調理も簡単！

### ケトル

飽きのこないシンプルなデザインと色、そして耐久性のいいTRUCK FURNITUREのケトル。キッチンに無造作に置いてあるだけでもサマになります。

## 米とぎざる&米とぎ棒

ざるも米とぎ棒も雰囲気のある竹製。冷たい水が辛い冬に特に米とぎ棒は助かっています。買ってよかったアイテムのひとつです

## ざる

市川商店の手つきの楕円ざるとかごやの 18㎝の丸盆ざる。パンをやおそばをのせるにもちょうどいいサイズで、よく食卓にのぼります。

## おひつ

漆器かりん本舗のおひつ。ごはんは圧力鍋で炊いたあとにおひつに移します。ごはんが冷めてもおいしくいただけます。

## 竹の洗いかご

タケカンムリの竹の洗いかご。底上げされていて水きれがよく、たっぷり入り、食器への当たりがなんともやさしいところが気に入っています。

## 買いものかご

手編みのぬくもりが伝わってくる根曲がり竹の買いものかごはたっぷり入るのもいいんです。お弁当を入れてピクニックにも大活躍。

# ワイヤーバスケットやボックスを使って仕分けし、見せる収納に

以前は収納が苦手で見えるところだけをきれいにし、見えないところは適当だったんです。でも、「それではまずい」と一念発起。収納にも目覚めました。

我が家の収納はワイヤーバスケットを使ったり、オープンクローゼットで一目でわかる「見せる収納」が基本。インナーなどの見せたくないものやビデオカメラや充電器など、インテリアと調和がとれないものはりんご箱風の木箱や古道具屋で購入したバスケットに収納。バスケットは本来、収納道具ではありませんが、収納にもぴったりなので重宝しています。

また、ものが多くなり、入らない場合も収納を増やすのではなく、今ある収納で入らなくなったら、減らすようにしています。

## 衣類

### 子ども服やアウターは見せる収納、インナーは隠す収納で

右・キッズクローゼットは、奥には季節外の子ども服をひとまとめ。衣替えのときもさっと入れ替えられて便利。　左・学校と保育園グッズ。ハンカチやテッシュはかごやざるに入れています。朝は２人並んでここで準備します。

上・木箱には取っ手をつけて引き出しやすくしました。　下・インナーや靴下も板で仕切って収納。一目瞭然だから、身支度もさっとスピーディーに。

上・洗面所入口横のスペースには、さまざまな色の手作りのりんご箱風の木箱。中は木で仕切って旦那さんと私のインナーや洋服を収納。仕切りがあるので立ててしまえるところも気に入っています。　下・テプラで小さめのラベルをつくって中身が見えないものに貼っています。

夫婦のクローゼット部屋は、洋服はパイプハンガーに吊るしてショップ風のディスプレイにしています。

右・夫婦のクローゼットにある机の引き出しに、アクセサリーや時計は、小さなトレイにのせて収納。ほこりも避けられます。左・バッグはインテリアにもなるトランクに入れて。

# キッチン

## 細かいアイテムの多いキッチンは わかりやすく、すっきりとした収納に

シルバーだったレンジフ―ドは、ホームセンターで購入した木目調の壁紙を張って統一感を出しています。

右・シンク下の収納。板を敷いて温かい雰囲気に。お鍋は重ねず、置くだけ。使いたいときにすぐに取り出せるので便利です。　左・市販のフライパンスタンドはぐらついて使いづらく、ストレスを感じていたのでぴったりのサイズにつくり変えました。

右・液体調味料はセラーメイトとiwakiに詰め替えています。マスキングテープでラベルをつけました。シンプルでわかりやすいです。　左・調味料はフレッシュロックとボルミオリロッコに詰め替え。これもラベルをつけ、底には賞味期限を書いて貼っています。

# 冷蔵庫

## 見やすく、取り出しやすさを考えて仕分け収納

つくり置きや梅ぼし・らっきょうなどはガラス容器に入れて、ラベルを貼ってわかりやすく。お弁当やちょっと忙しいときに役立っています。

冷凍室。レンジ対応のタッパーにお肉やねぎなど入れています。ジッパーつきの保存袋にはパンやチーズなどを。色々と小分けにしたら料理がしやすくなりました。

野菜室。野菜は紙袋に入れて見やすく、すっきりと。立てて収納もでき、取り出しやすさも○。

上・手づくりの白の食器棚。竹製のものやガラス瓶をメインに統一感をもたせています。すっきりとした印象になりました。　右・普段使いの食器や好きな作家さんの器、お椀や木製食器などはキッチンの食器棚へ収納。土の温かみが感じられる素朴な器が特に好きです。

上・以前は子どもたちのオモチャ箱だったベンチ収納。仕切りをつくり、ペットボトルや缶コーヒーをしまっています。　右・水屋風食器棚の引き出し。お気に入りの作家さんの箸置きやコースターなど収納しています。

# 生活用品

## 生活感が見えすぎる日用雑貨は仕分けして見えない場所へ

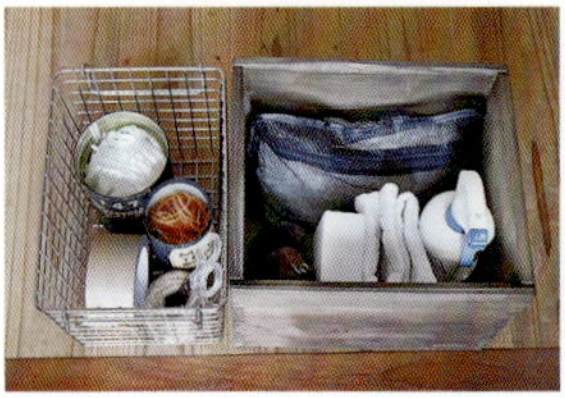

右・玄関にある収納棚。掃除機や梱包セット、工具箱など生活感が出てしまうものは仕分けして収納。　左・右は雑巾やスポンジ、アルコールなどのお掃除セット。左は梱包セット。仕分けしておくと便利です。

文机の引き出しの中も板で仕切っています。使うときにも探す手間が省け、ノンストレスです。

洗面台の鏡の裏が収納になっているので、歯ブラシや化粧品、電気シェーバーなど、生活感が出るものはここに収納してすっきりと。

洗濯機ラックの収納。左の布袋には洗濯ネットを収納。洗剤もボトルに詰め替えています。無印のトタンボックスには私の化粧品のストックなどを収納。

タオル収納。上の洗面器と洗濯板は手洗い用。子どもたちの服の汚れもよく落ちます。

右・洗面台下、右側の古道具のバスケットには子どもたちのカラフルなタオルを収納。左・左側の木箱には洗剤ストックを。仕切りをつけた木箱を２段積み重ねています。キャスターを取り付けているので移動もらくらくです。

# としもり家のアルバム 冬

大雪が降ったので、
かまくらを作りました。かまくらの
中で食べる豚汁とおにぎりは格別。
お餅つきは家族の恒例行事です。

家族みんなでつくったかまくら

小さな雪だるまを作りました

楽しかったクリスマス会

お餅つき。杵も手づくり

お餅を丸めるのも楽しい時間

こたつでぬくぬく

恵方巻きを食べました

お正月。凧あげ楽しいな

# お気に入りのショップ

## 暮らしの竹かご屋 市川商店

おしぼりかご、楕円かご、味噌こしなど我が家の台所道具やかごをネットショップで購入しています。
http://takekagoya.com/
インスタアカウント名　@takekagoya

## 虎斑竹専門店 竹虎

せいろ、米とぎ棒、買いものかごなど、我が家の台所道具やかごをネットショップで買っています。
https://www.taketora.co.jp/
インスタアカウント名　@ taketora1894

## cafe 暖木 (nonki) ＆紡木 (tumugi)

兵庫県赤穂市坂越にある café 暖木と古道具と器のお店の紡木。古道具や器をよく購入しています。ランチもおいしくておすすめ。
インスタアカウント名　@ ohisama _ to_niji

## 『M.』

大阪府泉南市にある古道具さん。インスタグラムで配信されている古道具を購入しています。ネットショップあり。
インスタアカウント名　@_._._._m_._._._

## rutawa.rawajifu

お気に入りの器の作家さん。インスタグラムの rutawa さんのページか、arinomama というホームページで購入先がわかります。
インスタアカウント名　@rutawarawajifu

## Homey

暮らしに寄り添うセレクトショップ。作家ものの器、雑貨、古道具のお店。ネットショップあり。丸伴工場さん、穂屋工房さんの器などはここで購入。

インスタグラムアカウント名　@homey1949

## Flower Bell

行きつけのお花屋さん。お庭のお花や、インテリアに合うグリーン、花、ドライフラワーなどここで購入。スタッフの美和さんは編みものも得意で、子どもたちのどんぐり帽子も編んでもらいました。
兵庫県宍粟市山崎町鹿沢 92-4
インスタアカウント名　@guripastory87

## 町家 cafe & ギャラリーさんしょう

築170年の落ち着いた雰囲気の町屋カフェ。ゆったりと流れる時間、ほっこりおいしいカフェメニューにいつも癒されています。
兵庫県宍粟市山崎町山崎 50
インスタアカウント名　@cafesansyou

## 大松建設《だいしょうけんせつ》株式会社

家を建ててくれた工務店さんです。お客様の声、T様邸は我が家です。懐かしい我が家、よかったら見てください。
兵庫県宍粟市山崎町野々上 392-1
http://www.daishou-kensetsu.co.jp/
インスタアカウント名　@ daishou_kensetsu

## コメリホームセンター 佐用店

全国展開している新潟本社のホームセンター。兵庫県佐用郡佐用町にもあり、我が家の材料はほぼこの店で調達。店員さんも皆、親切でわからないことは教えてくれます。
http://www.komeri.bit.or.jp/

サイズの希望を伝えれば、その場で木材をカットしてもらえます。自宅で切るのが大変な人は利用されると便利ですね。

コメリさんは木材の種類が豊富なので、つくりたいものに合わせて、選ぶことができます。お義父さんと相談しながら買っていきます。

子どもたちもホームセンターは大好き。工具の使い方など、通っているうちに習うことも。おじいちゃんが教えてくれます。

編集の方から「本を作ってみませんか？」と言われたときには、
うれしさ半分、不安半分でした。
というのも雑誌などで紹介されたことはありましたが、
まるごと1冊というのは初めてだったからです。
それでも日ごろインスタグラムで日々の生活を紹介させてもらっているので、
その延長のような気持ちでというふうに思い、挑戦することにしました。
いざ始まってみると、手づくり雑貨の手順から、
ごはんや収納などなど撮影するものが盛りだくさん。
決められた日程の中でこなすことは、なかなか大変でしたが、
なんとか1冊にまとめることができました。
このような出版という素晴らしい経験をすることができたのも、
いつも応援してくださる皆さまのおかげです。本当にありがとうございました。

最後になりましたが、
無口だけれど、いつも的確なアドバイスをしてくれる旦那さん、
毎日、元気をくれる息子と娘、
そして、「ここをもっとこうしてほしい」という嫁の私のワガママを
嫌な顔ひとつせず聞いて、何度でもつくり直してくれるお義父さん、
やさしく見守ってくれるお義母さん、そして、お祖母ちゃん。
私の大切な家族に心から感謝しています。
いつも本当にありがとうございます。
そして、これからもよろしくお願いします。

２０１８年早春　　　敏森裕子

敏森裕子
slow.life.works
としもりゆうこ

1981年生まれ。1男1女の母。兵庫県在住。夫の実家の隣に、憧れの「三角屋根の小さなおうち」を建て、家族全員でインテリア、雑貨づくりを楽しむ。子どもたちも登場するほのぼのとした暮らしぶりをインスタグラムで紹介し、カフェ風＆和風＆古民家風のオリジナリティ溢れるインテリアが人気を呼びフォロワー数は6万人超。手づくり雑貨は毎年開催される地元のマーケットで販売することも。遠方から買いに来る人もあり、すぐ完売になる人気。
◎インスタグラム　slow.life.works
https://www.instagram.com/slow.life.works/



**Staff**
カバー・本文デザイン
石田百合絵（me&miraco）
撮影　磯金裕之
イラスト　にしごりるみ
取材・文　須藤桃子
企画・編集　時政美由紀（マッチボックス）

**Special thanks**
敏森ファミリー
髙石裕子
撮影協力　コメリホームセンター 佐用店


# ゆうこさんちの手づくり暮らし

## 三角屋根の小さなおうちでのんびり過ごす家族時間


2018年2月15日　初版第一刷発行

著者　敏森裕子（slow.life.works）
発行者　永田勝治

発行所　株式会社オーバーラップ
〒150-0013　東京都渋谷区恵比寿1-23-13
印刷・製本　大日本印刷株式会社




ISBN978-4-86554-299-8 C0077





■オーバーラップ　カスタマーサポート
電話：03-6219-0850
受付時間：10：00～18：00（土日祝日をのぞく）
http://over-lap.co.jp/lifestyle/